>> homo zappiens

AUTORES

Wim Veen. Diretor da área de Educação e Tecnologia da Universidade de Tecnologia de Delft, Holanda, onde pesquisa novos conceitos de aprendizagem e a mudança na pedagogia decorrentes do uso da tecnologia da informação e da tecnologia da comunicação na educação. Veen é consultor de instituições educacionais e também de empresas privadas e de autoridades governamentais.

Ben Vrakking. Aluno e pesquisador de pós-graduação em engenharia de sistemas, análises de políticas e gerenciamento na Universidade de Tecnologia de Delft. Suas principais áreas são os processos de mudança (estratégica) e, mais recentemente, a aprendizagem, que é um dos mais básicos e fundamentais mecanismos para lidar com a mudança.

V418h Veen, Wim.
Homo Zappiens : educando na era digital / Wim Veen, Ben Vrakking ; tradução Vinicius Figueira. – Porto Alegre : Artmed, 2009.
141 p. ; 23 cm.

ISBN 978-85-363-1686-4

1. Psicologia educacional – Tecnologia. I. Vrakking, Ben. II. Título.

CDU 37.015.3:6

Catalogação na publicação: Renata de Souza Borges – CRB-10/Prov-021/08

>> homo zappiens

educando na era digital

WIM VEEN >> BEN VRAKKING

Tradução:
Vinicius Figueira

Consultoria, supervisão e revisão técnica desta edição:
Régis Tractenberg
M.Sc. em Telemática Aplicada à Educação
e Treinamento pela Universidade de Twente na Holanda.
Diretor da Livre Docência Tecnologia Educacional.

artmed®

2009

Obra originalmente publicada sob o título *Homo Zappiens: Learning in a Digital Age*
ISBN 978-1-85539-220-8

Tradução publicada com autorização da editora The Continuum International Publishing Group.

Capa
Tatiana Sperhacke – TAT studio

Imagem da capa
© *iStockphoto.com/Andrey Prokhorov*

Preparação do original
Maria Rita Quintella

Leitura final
Lara Frichenbruder Kengeriski

Supervisão editorial
Mônica Ballejo Canto

Projeto gráfico e editoração eletrônica
Armazém Digital Editoração Eletrônica – Roberto Vieira

Av. Jerônimo de Ornelas, 670 - Santana
90040-340 Porto Alegre RS
Fone (51) 3027-7000 Fax (51) 3027-7070

SÃO PAULO
Av. Angélica, 1091 - Higienópolis
01227-100 São Paulo SP
Fone (11) 3665-1100 Fax (11) 3667-1333

SAC 0800 703-3444

IMPRESSO NO BRASIL
PRINTED IN BRAZIL
Impresso sob demanda na Meta Brasil a pedido de Grupo A Educação.

AGRADECIMENTOS

Nas últimas décadas, os sistemas de educação foram amplamente avaliados, reconsiderados, mudados e revisados. Muitos educadores, sociólogos, engenheiros, economistas e outros profissionais envolveram-se em discussões acerca de como deveriam ser nossos sistemas de educação no futuro mais imediato. Os currículos foram adaptados e novos paradigmas de aprendizagem lançados. Mas, em meio a essa confusão de discussões, iniciativas e experimentos cresceu toda uma nova geração, a qual não protestou nem iniciou manifestações revolucionárias em grandes cidades, como acontecera nos anos de 1960. Silenciosamente, essa geração adotou a tecnologia e desenvolveu novas estratégias de aprendizagem e de vida. E essas estratégias diferem tanto das gerações anteriores que um novo ator está adentrando o palco da mudança educacional.

Quando pela primeira vez apresentei o fenômeno do *Homo zappiens* como grande fator de mudança, ele já havia, em grande parte, entrado na educação infantil e no ensino fundamental. Mas foi preciso algum tempo para que percebêssemos todas as consequências dessa nova geração para a aprendizagem e para os nossos sistemas educacionais como um todo. O *Homo zappiens* não apenas representa uma geração que faz as coisas de maneira diferente – é um expoente das mudanças sociais relacionadas à globalização, à individualização e ao uso cada vez maior da tecnologia em nossa vida. Neste sentido, considero os valores e o comportamento do *Homo zappiens* uma oportunidade para nos ajudar a dar nova forma à educação do futuro. Em vez de considerá-los uma ameaça e de negligenciar suas práticas, sugiro que olhemos para os valores dessa geração como uma fonte de inspiração e orientação para ajustarmos nossos sistemas educacionais ao melhor atendimento das necessidades de nossa sociedade futura.

Estou bastante feliz por poder dizer essas frases depois de muitos colegas e amigos terem me incentivado a escrever este livro. Michelle Selinger (Reino Unido), Christina Aderklou (Suécia), Rita Minelli (Itália) e Stellan Ranebo (Suécia) deram todo o apoio possível à ideia de que um livro como este valeria a pena. Meus colegas também com frequência pedem que eu coloque meus pensamentos no papel. Peter van der Zanden em geral me lembrava de fazer as coisas de fato importantes a longo prazo, em vez de simplesmente fazer no dia-a-dia as coisas rotineiras. Aprendi muito com meus alunos ao longo dos anos, e dois deles, especialmente importantes para levar este livro ao mercado, foram Willem van Valkenburg e Jan-Paul van Staalduinen. Várias conversas com eles, via MSN, começavam por: "Como é que está o livro?". Finalmente, houve o auxílio de Ben Vrakking, outro aluno excepcional, que se tornou co-autor do trabalho, pois gostava de pôr no papel as variadas conversas que tínhamos sobre o assunto. O aluno que mais me ajudou, contudo, foi meu filho mais novo, Armand, que compartilha comigo uma lógica que também encontrei em outros estudos sobre o *Homo zappiens*. Jim Houghton, que teve um jeito todo especial de fazer com que o autor entregasse seu manuscrito – um ano depois do prazo! E Sarah Nunn, grande gerente de editoração, que fez com que o livro fosse logo para o prelo. Obrigado a todos pelo esforço e pelo apoio!

SUMÁRIO

PREFÁCIO

"Dizem que as coisas mudam com o tempo, mas é você que, na verdade, tem de mudá-las."

Andy Warhol

Bem-vindo, leitor! Você pode ter começado a ler este livro por várias razões: por recomendação; talvez tenha achado os autores interessantes ou, ainda alguém tenha usado uma atitude um pouco impositiva e disse-lhe para ler este livro por uma razão que você talvez nem queira saber. Caso alguma dessas opções seja verdadeira, esperamos sinceramente inspirá-lo a se interessar pelo conteúdo de nossa história, pois é em tal conteúdo que estão outras possíveis razões. Talvez você esteja procurando um livro sobre aprendizagem, educação, tecnologia ou esteja interessado em seres humanos e simplesmente tenha digitado mal a palavra "*sapiens*": -)[1]. Qualquer que tenha sido a razão, prometemos que a leitura será interessante e que lhe daremos bastante material para pensar, se você permitir que sua mente absorva a amplitude das implicações e aplicações das palavras contidas aqui. Primeiro, satisfaremos sua necessidade de orientação. Neste Prefácio, ofereceremos uma breve visão geral do que você encontrará. Primeiro, contudo, diremos o que (não) esperar deste livro.

[1] Este símbolo estranho, recém-acrescentado à nossa pontuação, é conhecido como "*smiley*". Se você inclinar a cabeça para a esquerda, verá dois olhos, um nariz e um sorriso. Caso você encontre qualquer palavra ou símbolo que lhe sejam desconhecidos, consulte o glossário.

POR QUE ESCREVER UM LIVRO?

Há muito tempo, as pessoas costumavam se reunir ao redor do fogo ao cair da noite para ouvir e fazer valer as tradições da tribo e, assim, compartilhar experiências e preservar o conhecimento. Poetas praticavam sua arte e contavam histórias em anfiteatros para grandes quantidades de pessoas. Mesmo hoje, sendo possível baixar filmes pela internet, e muitas vezes antes de eles chegarem aos cinemas, as pessoas ainda vão ao cinema. Fica claro que há algo mais nas histórias do que simplesmente transferir informações e do que ter capacidade de interpretar.

Este livro foi escrito para um público determinado. Se você gosta de ler em silêncio em sua casa, se gosta de ter tempo para refletir sobre o que lê ou se procura pela versão completa e sem intermediários daquilo que temos a dizer (ou de parte do que temos a dizer), este é o meio certo. Este livro é como uma fotografia daquilo que queremos lhe dizer.

Contudo, se você pegou este livro porque precisava da informação nele contida, ou se sentiu que essa é a única maneira de saber o que temos a dizer, então, teremos de indicar outras possibilidades. Uma das razões pelas quais o escrevemos é que sentimos que o tempo para mudar os parâmetros está diante de nós, e isso, por sua vez, cria um potencial. Com a ajuda da tecnologia, a comunicação não mais se restringe ao texto. As imagens e o som podem ser adicionados com a mesma facilidade e, sem dúvida, acrescentam tanto quanto, ou mais, à nossa experiência. Escrever sobre mudança e sobre o potencial de que dispomos hoje sem darmos exemplos seria um desperdício.

Atualmente, estamos criando um *site*, www.homozappiens.nl, no qual tentaremos disponibilizar uma experiência viva, compartilhando algo desta história em companhia de uma comunidade de pessoas interessadas. Tentaremos oferecer-lhe uma versão mais ilustrada dessa história *on-line* e, por meio de um fórum para discussões e *links* para informações adicionais, queremos criar uma comunidade em que todos os participantes possam, pela riqueza das interações, descobrir e compartilhar o que essa história pode acrescentar às suas vidas, profissionais ou não. Se você está buscando uma alternativa para este livro, por favor visite o nosso *site*, onde encontrará um caminho mais rico e diversificado. Outra possibilidade é ler este livro e depois comentar sobre o que achou interessante ou sobre o que está faltando nele. Nossa intenção é oferecer aos leitores a possibilidade de adquirir uma experiência prática acerca dos temas discutidos. De certa forma, o *site* pode ser uma solução para manter nossa história viva e orgânica.

POR QUE VOCÊ DEVE LER ESTE LIVRO?

Este livro traz uma visão sobre a geração que nasceu com um *mouse* nas mãos. O livro fala de crianças que descobriram o mundo por meio de uma grande variedade de canais de televisão, jogos de computador, iPods, *sites*, *blogs* e telefones celulares, e explora as implicações do comportamento delas para a aprendizagem. Em certo sentido, o livro oferece uma visão sobre como a sociedade está mudando o modo pelo qual se aprende, não pretendendo, de forma alguma, excluir as gerações mais velhas do potencial da nova educação. Estamos contando uma história, a história do *Homo zappiens*, para mostrar o potencial que há para mudança se reconsiderarmos as práticas com que estamos acostumados.

Este trabalho tem uma visão positiva sobre o que uma nova geração de aprendizes pode trazer para nossas escolas e sobre como os professores podem lidar com esses alunos que cresceram com a tecnologia ao seu lado. O livro reflete sobre como as coisas são e têm sido, esboçando o que poderiam ser. Também dá sugestões sobre como adaptar nossas práticas de ensino em uma sociedade em que lidar com o conhecimento é uma questão de negociação e de criatividade e em que aprender é uma atividade para a vida toda. Para os professores, é uma viagem empolgante participar dessas mudanças, que vão além das adaptações das práticas tradicionais, nas quais o papel das novas tecnologias será proeminente. Contudo, nem todos os hábitos estabelecidos são maus e, embora descrevamos um futuro utópico para a aprendizagem e pintemos um caminho que leve até ele, foram necessários milhares de anos para chegar onde chegamos, e não devemos deixar de reconhecer o pequeníssimo número de mudanças que de fato ocorrem quando damos uma nova cara à educação.

Qualquer pessoa interessada em aprendizagem e em educação, seja por razões profissionais ou pessoais, bem como os leitores interessados nas influências da tecnologia sobre a sociedade, gostarão muito de ler este livro. Dependendo de seus interesses, conhecimento e envolvimento com os avanços tecnológicos da era digital, boa parte dele poderá fazer com que reconheçam ou confirmem o que já sabiam há algum tempo. De qualquer forma, o livro poderá fazer com que entendam ou encontrem soluções para o mundo. Não esqueça de visitar nosso *site* (www.homozappiens.nl), especialmente se este livro produzir mais perguntas do que respostas.

Os professores e todas as pessoas que trabalham com educação encontrarão no livro três questões inter-relacionadas:

O QUE É O *HOMO ZAPPIENS* E COMO ELE SE COMPORTA?

A nova geração, que aprendeu a lidar com novas tecnologias, está ingressando em nosso sistema educacional. Essa geração, que chamamos geração *Homo zappiens*, cresceu usando múltiplos recursos tecnológicos desde a infância: o controle remoto da televisão, o *mouse* do computador, o *minidisc* e, mais recentemente, o telefone celular, o iPod e o aparelho de mp3. Esses recursos permitiram às crianças de hoje ter controle sobre o fluxo de informações, lidar com informações descontinuadas e com a sobrecarga de informações, mesclar comunidades virtuais e reais, comunicarem-se e colaborarem em rede, de acordo com suas necessidades.

O *Homo zappiens* é um processador ativo de informação, resolve problemas de maneira muito hábil, usando estratégias de jogo, e sabe se comunicar muito bem. Sua relação com a escola mudou profundamente, já que as crianças e os adolescentes *Homo zappiens* consideram a escola apenas um dos pontos de interesse em suas vidas. Muito mais importante para elas são suas redes de amigos, seus trabalhos de meio-turno e os encontros de final de semana. O *Homo zappiens* parece considerar as escolas instituições que não estão conectadas ao seu mundo, como algo mais ou menos irrelevante no que diz respeito à sua vida cotidiana. Dentro das escolas, o *Homo zappiens* demonstra um comportamento hiperativo e atenção limitada a pequenos intervalos de tempo, o que preocupa tanto pais quanto professores. Mas o *Homo zappiens* quer estar no controle daquilo com que se envolve e não tem paciência para ouvir um professor explicar o mundo de acordo com suas próprias convicções. Na verdade, o *Homo zappiens* é digital e a escola analógica.

AS ATIVIDADES (BRINCADEIRAS) DO *HOMO ZAPPIENS* RELACIONAM-SE À APRENDIZAGEM?

O *Homo zappiens* aprende por meio do brincar e das atividades de investigação e descoberta relacionadas ao brincar. Sua aprendizagem começa tão logo ele jogue no computador e a aprendizagem logo se torna uma atividade coletiva, já que os problemas serão resolvidos de maneira colaborativa e criativa, em uma comunidade global. Os jogos de computador desafiam o *Homo zappiens* a encontrar estratégias adequadas para resolver problemas, a definir e categorizar problemas e uma variedade de outras habilidades metacognitivas na aprendizagem.

Na educação tradicional, a aprendizagem estava fortemente relacionada ao conteúdo disciplinar. O conteúdo ensinado derivava das disciplinas e era considerado um conhecimento objetivo que podia ser transferido aos alunos.

Hoje, consideramos o conhecimento como algo que se negocia e sempre em um contexto de mudança dentro de um domínio específico. De um ponto de vista psicológico, atualmente acreditamos que a aprendizagem é o processo mental pelo qual os indivíduos tentam construir o conhecimento a partir das informações, outorgando significado a elas. Não são os meros dados que nos dão a compreensão dos processos ou fenômenos; é a interpretação dos dados e das informações que leva ao conhecimento. O significado que atribuímos à informação é, em geral, comunicado e negociado em nossa comunidade ou sociedade. Poderemos chegar à conclusão que as crianças de hoje de fato possuem estratégias e habilidades de aprendizagem que são cruciais para dar significado às informações, e que essas habilidades e estratégias são vitais para a aprendizagem futura em uma economia intensamente baseada no conhecimento. Podemos questionar se tais habilidades são suficientemente reconhecidas ou valorizadas pelas escolas. O problema é que as escolas ainda tentam transferir o conhecimento como se fazia há 100 anos. Isso não seria um problema se toda a estrutura econômica de nossa sociedade ainda fosse a mesma, mas esse não é o caso.

O QUE AS ESCOLAS PODERIAM FAZER?

Ao reconhecer as habilidades e as estratégias de aprendizagem que o *Homo zappiens* está desenvolvendo principalmente fora da escola, as instituições de ensino poderiam responder de acordo com as necessidades desses novos clientes. Respostas revolucionárias aparecem em países como a Holanda, em que um número pequeno, mas crescente, de pais não mais considera as escolas tradicionais uma escolha adequada para seus filhos. Além disso, várias direções de escola também responderam à necessidade de novos métodos de aprendizagem por meio da criação de escolas experimentais, nas quais foram introduzidas grandes mudanças na organização, nos métodos de ensino e nas abordagens do conteúdo.

Todas essas iniciativas são similares em cinco grandes aspectos:

- Os alunos trabalham em intervalos de quatro horas, e não de 50 minutos.

- Os alunos trabalham em grupos de 90 a 150, mas atuam em um grupo menor, de 12 alunos.
- A aprendizagem se baseia na pesquisa, que é autêntica e relevante para as crianças.
- O conteúdo é comunicado por meio de temas interdisciplinares.
- A tecnologia de rede tem um papel importante no processo de aprendizagem.

Talvez muitos de nós já tenham passado por experiências com o *Homo zappiens* e pensamos que ensinar agora ficou mais difícil por causa deles. Concordamos que ensinar se tornou algo mais desafiador, que os alunos mudaram consideravelmente em sua aprendizagem e seu comportamento social ao longo das últimas décadas. Também pensamos que houve uma espécie de ruptura com a chegada do *Homo zappiens* nas escolas, um rompimento com a tradição que pode representar uma séria ameaça ao sistema educacional em si e também um desafio, pelo fato de o ensino se tornar algo mais empolgante. Essa nova geração oferece oportunidades nunca vistas para tornar o ensino uma profissão apaixonante e motivadora, que faça a diferença para a sociedade futura.

Tais oportunidades relacionam-se a novos papéis, novos conteúdos e novos métodos de ensino e aprendizagem. Os professores tornam-se orientadores que oferecem um apoio especializado às crianças, que, por sua vez, aprendem de maneira mais independente sobre questões e problemas da vida real. A sociedade do futuro exige que seus cidadãos sejam capazes de lidar com a complexidade, tanto na vida particular quanto na profissional. As redes sociais dos indivíduos cresceram e ficaram mais complexas, da mesma forma que as redes econômicas, que passaram a uma escala global, resultando em economias multinacionais ou globais.

Pelo fato de esses avanços socioeconômicos tenderem à continuidade, a sociedade do futuro precisará de pessoas que saibam lidar com problemas complexos e não muito claros a partir de ângulos diferentes, apresentando soluções inesperadas. Adquirir conteúdo deixará de ser a meta principal da educação, que dará maior ênfase ao que é significativo e relevante. Como consequência, as escolas não mais serão instituições que treinam as crianças para a certeza; em vez disso, as escolas facilitarão a aprendizagem para uma geração que sabe viver e trabalhar em organizações e instituições nas quais o conhecimento é intenso e onde tal geração terá de depender da flexibilidade e da adaptabilidade para lidar com condições e situações que estão em constante mudança. Esses avanços econômicos e sociais implicam mudanças não só em nosso sistema educacional, mas, mais do que isso, em nossas convicções, atitudes e habilidades profissionais. Estamos convencidos de que o esforço por atender as necessidades da nova geração de alunos vale a pena e que os resultados serão compensadores para professores e alunos.

Algumas pessoas talvez façam uma lista de argumentos que demonstram que as mudanças na educação são de difícil implementação em uma escola comum, sobretudo no que diz respeito aos cinco pontos já indicados. A legislação, as restrições no orçamento, as condições físicas do prédio em que se trabalha e os fatores humanos são grandes obstáculos, difíceis de suplantar. O Currículo Nacional inibe grandes mudanças no que diz respeito ao conteúdo, os prédios das escolas não estão prontos para grupos de 90 alunos e os professores talvez tenham de ser novamente capacitados de maneira intensa para que a prática de ensino e os papéis mudem.

Podemos dizer que tais mudanças somente são possíveis para uma minoria de escolas, ricas. Também podemos pensar que não valem a pena, pois os resultados dos exames têm sido bons o suficiente nas últimas décadas: então por que mudar?* Podemos também dizer que os pais não ficariam satisfeitos com tais mudanças. Eles querem que seus filhos tenham os melhores certificados e relutam em aceitar diplomas que não sabem ainda avaliar adequadamente. São boas questões! Ninguém mudaria nada em um sistema que funciona bem. Este livro não é um apelo pela mudança educacional em si. Buscamos observar o mundo das crianças que estão crescendo digitalmente e deixar claro o que esse fato significa para a aprendizagem, para as escolas e para os professores. Para aqueles que buscam novas abordagens para a educação, este livro poderá ser inspirador.

Discutiremos as características do *Homo zappiens* e exploraremos as consequências de sua cibercultura para a aprendizagem e para as escolas. Pensamos que essa geração de *Homo zappiens* oferece uma oportunidade para a mudança educacional e um apoio fundamental para a profissão de professor. Este livro visa entender o comportamento das crianças, a relacionar esse comportamento à aprendizagem e a mostrar a oportunidade que os professores e as escolas têm de evoluir de acordo com as habilidades, atitudes e convicções das crianças, no esforço de dar a elas o apoio necessário à preparação para a vida, a cidadania e o trabalho do futuro.

* N. de R.T. O texto se refere ao sistema educacional na Holanda.

1

TEMPOS DE MUDANÇA

"Em tempos de mudança, aqueles que aprenderem herdarão a Terra, enquanto aqueles que já aprenderam encontrar-se-ão esplendidamente equipados para lidar com um mundo que não mais existe."

Eric Hoffer

Há alguns anos ficamos assombrados com a mídia, quando, com o final do século, deparamo-nos repentinamente com o que passou a ser chamado de o "*bug* do milênio": os *chips* dos computadores haviam sido programados para ter uma data de seis dígitos e, com a passagem de 1999 para 2000, havia o risco de que esses *chips* passassem a informar que estávamos vivendo no ano de 1900, e não 2000. Havia o medo de que nossa vida e a sociedade que construimos com tanto cuidado – com nossos governos, nossos registros de transações, nossos equipamentos eletrônicos, entre muitas outras coisas – fossem seriamente prejudicadas. Para piorar o problema, muitos dos programadores daqueles antigos *chips*, feitos em linguagem FORTRAN ou COBOL, estavam aposentados, levando seu conhecimento embora com eles. O quadro apresentado era de desastre.

Todos sabemos que a passagem de 1999 para 2000 foi muito tranquila, e que *bug* nenhum fez com que voltássemos à Idade da Pedra. Contudo, o exemplo ilustra que ficamos tão acostumados com a tecnologia que não mais podemos imaginar o que faríamos sem ela.

Neste capítulo, discutiremos algumas das tendências visíveis na tecnologia e na sociedade de hoje. Também, pelo fato de a história que contaremos nos próximos quatro capítulos estimular o pensamento sobre como se pode mudar a maneira pela qual vemos e fazemos as coisas para chegar a um melhor resultado, pensamos que talvez seja útil refletir sobre outros momentos do passado em que enfrentamos transições similares. Este capítulo pode talvez parecer a história inteira da humanidade condensada em algumas páginas, mas esperamos oferecer tantos caminhos para reflexão quanto o editor nos permitir publicar. Nossa intenção é oferecer uma segunda opinião sobre o mundo que o cerca, de maneira que você possa considerar este mundo sob um novo prisma e entender onde a história do *Homo zappiens* se encaixa.

Tentaremos gradualmente fazer com que você acompanhe um dia na vida de um ser humano médio do sexo masculino. Chamaremos esse homem de Jack. Jack trabalha no departamento de vendas e *marketing* de uma grande multinacional. É responsável por produtos enlatados. No final da noite de ontem, em casa, antes de dormir, Jack ajustou o despertador de seu rádio-relógio, colocado junto ao abajur da mesa de cabeceira, e leu duas páginas de um livro antes de pegar no sono. Agora são 7h30 e o despertador disparou, sintonizado na estação de rádio favorita de Jack, que tocava uma canção alegre de Frank Sinatra. Jack está bastante pensativo hoje e, enquanto percorre o caminho entre sua cama e a pia do banheiro, coça sua barba e pensa: "E se eu estivesse vivendo há 3 mil anos? De quais coisas deste mundo de hoje eu realmente sentiria falta?"

A primeira coisa que lhe vem à mente é o programa de rádio que está tocando ao fundo. Há 3 mil anos não havia rádio... não havia eletricidade para alimentar o rádio nem transmissores para as ondas de rádio. Não havia a profissão de *disc-jockey* ou o conceito de uma gravadora que oferecesse à sociedade música comercial. Talvez, naquela época, não houvesse nem mesmo músicos especializados. Provavelmente havia música. Jack começa a murmurar uma canção. Pensa, então, em que trabalharia se tivesse vivido há 3 mil anos. Em vez de correr para o trabalho às 7h55, a fim de não pegar muito tráfego, talvez acordasse, com o primeiro raio de sol, para caçar gansos. Ele não ficaria sentado em sua mesa de trabalho o dia inteiro, ligando para representantes de grandes distribuidoras para perguntar-lhes se queriam comprar grandes quantidades das mercadorias que vende. Em vez disso, ele estaria voltando para sua mulher e filhos e para sua pequena loja com 12 aves gordas atadas pelas patas – prontas para serem preparadas para atender fregueses famintos que logo chegariam. Os clientes sempre sabem onde encontrar comida fresca. Não, pensava Jack, certamente não havia grandes criadouros de galinhas, porcos, vacas ou gansos, alimentados de acordo com a melhor dieta para acelerar seu crescimento, para depois serem abatidos. Não havia muitos recursos naquela época, e o homem estava em maior contato com a natureza. Além disso, todo homem sabia como cultivar ou caçar sua própria comida. Jack, obviamente, era melhor do que os outros, e por isso tinha uma rede de clientes fiéis. No que diz respeito à pia do banheiro, que agora estava cheia de água morna e agradável, provavelmente haveria um caldeirão de bronze com água quente, recém-retirado do fogo. "Isso é algo de que eu não gostaria", pensou Jack, imaginando-se queimando as mãos ao tocar a água quente do caldeirão.

Vamos acelerar o ritmo da história e refletir sobre algumas das mudanças que criamos para nós mesmos há alguns milhares de anos. O que a história de Jack ilustrou até aqui é o modo pelo qual criamos ferramentas e condições para tornar nossa vida o que é hoje. A maior parte da população do mundo não precisa mais caçar ou cultivar seus alimentos, pois dispomos de fazendeiros que produzem aquilo que a comunidade precisa. Pelo fato de o transporte ter passado do cavalo e da carroça para navios, trens, caminhões e aviões, entramos em contato com muitas culturas diferentes e com temperos que eram desconhecidos, mas que hoje estão prontamente disponíveis no mercado da esquina. A pimenta valia quase tanto quanto o ouro, sendo usada apenas por homens muito ricos em banquetes, mas hoje está disponível a todos, o mesmo tendo acontecido a muitas coisas. Toda vez que alguém dispunha de algo exclusivo, achamos um jeito de ter um acesso mais fácil a tal bem, tornando-o mais barato a fim de que a demanda aumentasse. Repentinamente, o que era privilégio de reis passou a ser comum a populações inteiras. O engraçado é que, em vez se precisar de mais homens para satisfazer essas demandas cada vez mais crescentes, também encontramos maneiras de fornecer as mesmas quantidades com menos homens.

Um dos exemplos mais recentes é o de como o surgimento da sociedade industrial trouxe consigo máquinas a vapor e fábricas. Grandes máquinas de tecer podiam então produzir o dobro da quantidade de tecido com apenas a metade da força de trabalho. Ao longo da história, adquirimos mais luxo, mais diversidade e mais riqueza, ao mesmo tempo liberando os integrantes da sociedade para que buscassem novos empreendimentos, profissões e ideias. Espera-se, hoje, que cada vez mais as pessoas se especializem, de modo que confiram um novo valor à nossa sociedade. Isso inclui fazendeiros, barbeiros, açougueiros e artistas, e também cientistas (espaciais), conferencistas, gerentes e consultores. Embora as sociedades humanas tenham crescido, seus mecanismos básicos ainda são muito parecidos. O que mudou é como valorizamos os diferentes aspectos de nossas vidas. Já que não temos mais de nos preocupar com alimentação, vestuário e abrigo, passamos a valorizar o entretenimento, a criatividade e o *status* como algo mais importante. Se, contudo, observarmos várias nações da África, ainda poderemos ver comunidades inteiras cuja preocupação diária é a busca do alimento.

Jack atrasou-se nessa manhã. Estamos no meio do inverno e seu carro não pegou, fazendo com que perdesse aqueles minutos preciosos para escapar do tráfego. Agora são 8h30 e ele está preso no trânsito, falando ao telefone com sua secretária. Ela está passando a ele os telefones de seus compromissos das 9 e 10h e informando-o sobre as novidades do escritório. Enquanto a secretária lhe falava sobre uma mensagem que recebera da gerência, Jack pensa com carinho em sua aposentadoria, que logo chegará. Às vezes, ao pensar na vida corrida, sempre tendo de agir de acordo com os padrões, indo ao encontro de metas e de ganhar dinheiro, Jack sente a necessidade urgente de se livrar de tudo: "Fizemos com que muitas coisas se tornassem tão simples e fáceis que o único diferencial em nossas vidas é o tempo que temos para vivê-la. E, aos poucos, acabamos vendendo isso também".

Alguns minutos depois, Jack está ao telefone com seu primeiro cliente do dia. Ainda está preso no tráfego, que está especialmente insuportável hoje, o que indica que fará a maior parte das ligações da manhã ali mesmo. Seu cliente não percebe o fato, e Jack o convence aos poucos, em um tom de voz doce, típico do mundo dos negócios, que é melhor reduzir os custos de transporte comprando todo o estoque de produtos enlatados da empresa do próprio Jack. Depois de fechar seu primeiro negócio do dia, Jack não consegue deixar de sorrir. Ele teve sorte, pois seu cliente, cuja empresa fica muito distante, em outro país, ainda não descobrira que um dos maiores competidores de Jack havia acabado de se estabelecer lá.

Um dos aspectos mais impressionantes de nossa espécie é o de que usamos ferramentas para quase tudo, inclusive para a comunicação. Os livros surgiram porque queríamos transferir conhecimento mais rapidamente e para uma audiência mais ampla, sem a necessidade de deslocamento. Precisamos de mídias para sustentar nosso estoque crescente de informação, da mesma forma que a fala e a escrita foram desenvolvidas para transferir nossas descobertas aos outros e para protegê-las da passagem do tempo. Desde então, desenvolvemos o telefone, o rádio, a televisão e a internet e, por causa dessas tecnologias, nosso círculo de amigos tem agora um diâmetro geográfico maior. Não só as pessoas que conhecemos, mas também as comunidades em que vivemos cresceram. Não é incomum, na verdade é bastante comum, comprar artigos "*made in India*", embora ainda os consideremos britânicos. Quando você estiver sendo atendido, ao telefone, por equipes de suporte técnico, pense nas inúmeras empresas que já estabeleceram suas equipes no exterior.

Toda nova tecnologia é, em geral, recebida com desconfiança. As pessoas que já conhecem o que existe considerarão com cuidado os possíveis benefícios e os pontos fracos de algo novo antes de adotá-lo. Com o passar do tempo, contudo, a tecnologia começa a ser parte do dia-a-dia, de modo que não conseguimos viver sem ela. Imagine viver sem telefone. Repentinamente, perderíamos contato com nossa família e amigos, conhecidos e parceiros de negócios. Seria impossível verificar se uma determinada quantia de dinheiro foi ou não depositada no banco. Seria, novamente, normal esperar vários dias até receber uma resposta de nosso cliente na Suécia. As ações não seriam mais negociadas de minuto a minuto, mas em um dia. A velocidade da informação seria diminuída, assim como, também, a riqueza da informação. Você não teria mais tanta intimidade com um amigo da Austrália se não pudesse ligar para lá uma vez por semana ou se tivesse de escrever cartas, que demoram mais para serem escritas do que para serem lidas.

Vemos este mundo que criamos, cuja interação global é rápida, por meio da mídia e da tecnologia da comunicação, e reconhecemos que não poderíamos sequer chegar perto de tal velocidade ou ter tanta informação se não dispuséssemos do que dispomos. De certa forma, o mundo de hoje não seria possível sem a tecnologia da comunicação disponível para a maior parte das pessoas. Consideramos qualquer pessoa que não use essa tecnologia como alguém que ficou para trás. As empresas que não oferecem suporte técnico terão um valor mais baixo, pois sabemos que há empresas que podem oferecê-lo. Os canais de televisão obtêm a maior parte de sua renda dos anúncios, pois as empresas sabem que as pessoas assistem à televisão. A densidade da informação nos programas televisivos de notícias aumentou para que gerassem novos espectadores e, assim, criassem um valor maior do que o do jornal impresso. Os empregados que não sabem usar telefones celulares serão, em alguns setores, menos valorizados por seus empregadores.

É apenas porque confiamos na tecnologia que baseamos grande parte de nossas interações nela. Imagine se 60% de suas cartas não chegassem ou não fossem respondidas. Você pararia de escrever cartas e tentaria visitar a pessoa com quem estivesse tentando se corresponder. Se metade das vezes que você fosse usar o telefone ele não funcionasse, você o usaria muito menos. Se alguém lhe passa um número de celular, sua expectativa é a de que o número esteja funcionando. Quando não conhecíamos a televisão as pessoas restringiam seu interesse à comunidade local e tínhamos o repórter tradicional que voltava do exterior para contar uma história interessante. Tínhamos de confiar na informação dos jornais, e pouquíssimas pessoas podiam ver o que acontecia no mundo por conta própria. Ainda temos algumas situações hoje em que as pessoas preferem encontrar-se ao vivo, pois não confiam no telefone como meio para passar a mensagem de maneira adequada.

Depois do almoço, Jack foi abordado por Pete, colega que ficará com seu emprego e com suas contas quando Jack se aposentar, em um mês. Seu aprendiz não está surpreso com o fato de Jack ter chegado atrasado, pois já havia enviado um *e-mail* à secretária de Jack e sabia que ele estava preso no trânsito. Foi Pete que contou a Jack na semana passada sobre o fato de o concorrente ter se estabelecido perto do cliente a quem Jack ligara. Agora é o momento da reunião entre Pete e Jack: nada de ligações telefônicas, nada de computadores, somente conversas sobre clientes, situações e estratégias. A empresa pediu que fizessem amanhã uma grande apresentação das metas anuais, e Pete, o aprendiz, nunca teve a oportunidade de fazê-lo. Jack pensou, então, que seria uma boa oportunidade para começar.

Enquanto verificam os números que Pete apresentou, Jack fica impressionado com a quantidade de informações que foram colhidas sobre o mercado e os competidores. Ficou claro que, com as regras segundo as quais as empresas têm de publicar relatórios anuais, entre outras regras, o mercado tornou-se muito mais transparente: "É tudo culpa dos investidores. Se eles não tivessem tanta informação disponível, não estariam exigindo tanto". Jack com frequência se pergunta se ainda tem alguma coisa a *ensinar* a Pete, mas toda vez que o faz descobre que sim, pois Pete ainda tem algo a vivenciar.

Durante séculos, nossa economia foi conduzida pelas mercadorias. As pessoas forneciam alimentos, roupas, temperos, livros e animais a outras pessoas, em troca de outras mercadorias. Pelo fato de se tornar impraticável pedir a alguém que lhe pague um vestido com meia vaca, o conceito de dinheiro entrou em cena. Da mesma forma, à medida que os bens de que necessitávamos tornaram-se mais complexos, e pelo fato de termos de trabalhar em conjunto com os outros para produzi-los, organizamo-nos em empresas. No começo, tratava-se apenas de um chefe e alguns empregados trabalhando mais para produzir o que se demandava, mas, gradualmente, cada trabalhador passou a desenvolver uma tarefa específica, o que levou as pessoas a valorizar e comercializar partes do processo de produção. Passamos a entender melhor os fatores de produção, tais como as matérias-primas, o trabalho e o capital. O dinheiro em si tornou-se algo distante dos bens que representava.

Atualmente, a maior parte das nossas necessidades materiais, pelo menos no mundo ocidental, foi atendida. Todos gostaríamos de ter o último, o maior e o mais luxuoso dos carros ou casa, mas são poucos os que não têm uma casa ou acesso a meios de transporte. Nossas economias então passaram a se voltar aos serviços. Não era mais importante apenas oferecer um produto, então passamos a negociar os conceitos que estavam por trás dele. Um *smoking* é algo que faz com que você se sinta bem-vestido. Seu computador não é apenas uma máquina que consome energia; é uma ferramenta que tão logo seja instalada deve oferecer-lhe um programa de edição de textos e acesso à internet. Assim, nas economias modernas, temos empresas que organizam eventos e solenidades e outras que instalam sistemas de informática. Também dispomos de aluguéis de última hora, para o caso de alguém acidentalmente derramar vinho em seu *smoking*, e serviços de apoio para o caso de seu computador parar de funcionar.

Com os serviços, tornou-se cada vez mais importante não apenas entender como fazer um produto, mas também entender como ele será colocado em uso. Pensar nas muitas maneiras pelas quais um produto pode ser usado e nas possibilidades de funcionamento inadequado permite que as empresas aumentem a gama de serviços oferecidos. Isso leva as empresas a exigir conhecimento e criatividade de sua força de trabalho. Todos devem saber tudo sobre seu trabalho ou serem capazes de aprender as últimas novidades rapidamente e depois aplicá-las a novas ideias para a criação de valor.

Enquanto muitas empresas buscavam o valor e a riqueza por meio do dinheiro (palavras que em geral são confundidas), os clientes passaram a conhecer melhor o que os cerca e as empresas repentinamente tiveram de zelar por sua própria reputação e se interessar pela opinião pública. Não só as comunidades humanas e as sociedades cresceram, o mesmo ocorreu com seus subcomponentes. Se aceitarmos as organizações, empresas e governos como componentes das comunidades a que servem, também faria sentido sustentar que seus mecanismos talvez tenham mudado de aparência, mas permanecem basicamente os mesmos.

O dia de Jack foi longo no escritório. Às 17h, ele ligou para casa para dizer à esposa que chegaria tarde e que ficaria feliz se transferissem a reserva do restaurante para sábado. A tarde no escritório havia sido longa, pois Pete fizera muitas perguntas sobre como Jack lidava com algumas de suas contas. Pete havia lido em algum lugar que havia cinco passos para fazer com que um cliente valorizasse uma empresa em relação às concorrentes, e Jack, sem dúvida, estava indo contra dois desses passos. A tarde terminou bem depois das 18h, com Pete e Jack frustrados pelo fato de a empresa valorizar ganhos econômicos de curto prazo em detrimento de um serviço e de uma clientela sustentáveis. Ambos não se sentiam em condições de mudar o quadro apresentado. Em um momento da conversa, Pete disse, enfaticamente: "Pelo amor de Deus, nosso negócio é vender alimentos. Daqui a cinquenta anos as pessoas ainda precisarão comer. Será que ninguém aqui percebe o quanto é idiota adotar essa tática de ganhos imediatos?". Jack não pôde deixar de valorizar o que ele dissera, mas também teve de admitir que já não se importava tanto... Ele havia dedicado boa parte de sua vida à empresa e estava prestes a gozar da aposentadoria. Ao voltar para casa, enquanto dirigia seu carro, Jack só conseguia pensar em uma coisa: "Finalmente, terei algum tempo para viver minha vida".

Boa parte da sociedade trabalha para alguma empresa, e apenas uma pequena parte das pessoas são verdadeiros empreendedores. Se considerarmos que ainda há hoje o mesmo percentual de empreendedores que havia um século atrás, devemos concluir que há muito provavelmente empreendedores que trabalham para as empresas hoje em vez de administrá-las. Com o fato de as empresas se tornarem cada vez maiores, passando a ser multinacionais, esta conclusão seria lógica: à medida que nossas comunidades crescem e criam mais espaços para subcomunidades, é lógico que essas comunidades passarão, por sua vez, a refletir ou a serem refletidas pelo todo.

Criar, correr riscos e aproveitar oportunidades sempre foram as características humanas mais valorizadas, e quem as possui pode criar mais valor e obter mais riqueza. Pelo fato de a mudança ser cada vez mais óbvia e pelo fato de a incerteza ser algo que se tem de aceitar mais do que evitar, as organizações estão procurando pessoas que sejam mais flexíveis, criativas e empreendedoras. As empresas querem que seus empregados sintam-se mais "empoderados", que maximizem seus potenciais, que sejam criativos e ousados e que aproveitem oportunidades. Uma sigla que parece estar em todos os lugares agora é PDP – Plano de Desenvolvimento Pessoal –, pelo qual os empregados declaram *como* e, mais importante, *que* se desenvolverão. O desenvolvimento do capital humano, que consiste em trabalho, conhecimento, mas também em cultura, valores, relações e criatividade, está se tornando o principal fator de produção para os empreendedores. Lidar com o tempo e com a incerteza, com a mudança e o desenvolvimento está se tornando a atividade mais valorizada: essa atividade é a aprendizagem.

Depois de pensar sobre a história de Jack, em que falamos de tendências como as da globalização, comunicação, imersão tecnológica e a universalidade de tais conceitos, mas também da necessidade de experiência, tempo, co-operação e estabilidade, ainda temos de discutir o conceito de tempo livre. Embora quase todos tenhamos condensado nosso horário de trabalho de segundas a sextas-feiras entre 9 e 17h, também escolhemos o mesmo período para transações de valor. Ainda bem que há os finais de semana, quando todos parecem ir aos *shoppings* para trocar seu dinheiro pelos bens de valor que julgam merecer. Por que é que, descontando um terço de seu tempo, que é usado para dormir, e um oitavo, que é usado para comer, você é considerado útil por apenas 44% de seu tempo? E por que todos fazemos uso do mesmo intervalo de tempo para trabalhar? Quem elaborou os padrões de tempo livre, horas de trabalho e das atividades de uma determinada função ou emprego? O tempo livre implica cativeiro ou escravidão? As horas de trabalho implicam que você esteja ocioso, improdutivo ou funcione mal durante as outras horas do dia? As descrições de atividades inerentes a uma determinada função ou emprego são feitas para restringir ou empoderar você?

Com tantas coisas a mudar de maneira rápida ao nosso redor, é cada vez mais importante encontrar as coisas que possam atuar como uma espécie de farol em uma tempestade. O tempo é um recurso cada vez mais precioso, havendo muita informação e muitas experiências que apenas esperam por consumi-lo, que a última coisa que se quer (e que consequentemente se tenta evitar em primeiro lugar) é ser confrontado com a mudança constante exatamente no momento em que você finalmente encontra seu lugar na sociedade. Ao mesmo tempo, somos incentivados a mudar e a crescer no lugar que conquistamos, e do modo mais rápido possível. A pior experiência é a daqueles que não encontraram esse lugar, mas que, ainda assim, se sentem satisfeitos com o que já obtiveram.

Quando começarmos a procurar coisas para mudar e quando a mudança vem até nós, precisaremos lembrar o que de fato valorizamos, como indivíduos, comunidades e organizações, como sociedade e como espécie. Há, em geral, pouca mudança em nossas convicções e valores principais, mesmo quando nos confrontamos com circunstâncias, experiências e instrumentos totalmente novos. Em um sistema econômico que valoriza a produção, um médico, cujo objetivo é o de ajudar as pessoas, pode se tornar um cirurgião. Com a mudança dos tempos, com o surgimento da tecnologia e com a criatividade e o empreendedorismo tornando-se valores econômicos, um engenheiro, cujo objetivo é fazer com que a tecnologia evolua para ajudar os seres humanos, pode também se tornar um cirurgião. Devemos aprender a encontrar objetivos naquilo que valorizamos e saber como atingi-los. À medida que vemos a tecnologia, o conhecimento e as sociedades expandirem-se rapidamente, devemos passar a perceber que sempre haverá estruturas, uma história e limites para o que fazemos; a lição que temos de aprender é a de sermos criativos e ignorarmos obstáculos.

2

CONHECENDO O *HOMO ZAPPIENS*

"A curto prazo, sempre superestimamos os efeitos das novas tecnologias, mas, a longo prazo, sempre os subestimamos."

Richard Thieme

"Repentinamente, as crianças que chegavam à nossa escola demonstravam um comportamento bastante diferente: direto, ativo, impaciente, incontrolável e, de certa forma, indisciplinado; parecia-me que algo havia acontecido no verão. Isso me assustava e empolgava ao mesmo tempo." Foi assim que uma professora sueca descreveu o que sentiu quando começou o novo ano letivo em um bairro de Estocolmo na metade da década de 1990, quando crianças de 6 anos voltaram à escola depois das férias de verão. A professora teve a sensação de que de um ano para o outro uma nova geração surgira e que ela tinha de lidar com elas, ainda não sabendo, mas percebendo, que precisaria empregar estratégias e abordagens diferentes.

Desde que essa professora teve tal impressão sobre seus alunos, muitos colegas na Europa inteira experimentaram o fato de que os alunos de hoje demandam novas abordagens e métodos de ensino para que se consiga manter a atenção e a motivação na escola. Ouvimos muitos deles dizerem que os alunos dedicam atenção às coisas por um período curto de tempo, que não conseguem ouvir alguém falar por mais de cinco minutos. Os professores afirmam que as crianças não conseguem se concentrar em uma tarefa só, fazendo várias coisas paralelamente, e que esperam obter respostas instantaneamente quando fazem uma pergunta. Além disso, muitos professores pensam que os alunos parecem agir e pensar de maneira superficial, zapeando de uma fonte de informação para outra quando assistem à televisão, navegam pela internet ou conversam com alguém no MSN. As crianças de hoje parecem não criticar e muito menos refletir sobre o que digerem por meio da televisão e da internet.

Não são os professores apenas que se preocupam com as crianças que crescem em um mundo digital. Os pais também estão preocupados, pois observam seus filhos passar o tempo em casa entre o computador e a televisão. Os pais pedem que seus filhos saiam e brinquem na rua, que encontrem seus amigos e pratiquem esportes. Pensam que o uso da tecnologia traz limitações físicas e um empobrecimento do convívio social. Além disso, observam que os livros não mais parecem ser do interesse de seus filhos, que preferem jogos de computador, inclusive aqueles violentos, em que parece não haver limites para os padrões morais.

Todas essas preocupações devem ser abordadas quando consideramos as consequências das mudanças socioeconômicas que chegaram com a presença da tecnologia digital em nossa sociedade. Na verdade, fazemos aqui uma conexão entre o comportamento das crianças e o contexto social. O comportamento social nunca se desenvolve no vácuo, e boa parte de nosso comportamento é influenciada pelo contexto social no qual crescemos. O que as crianças fazem e o que pensam é o resultado da interação com o que está a seu redor, o mundo externo. E desde muito cedo – já que o mundo lhes chega por meio da televisão, do telefone e da internet – a influência é importante. Mais importante ainda porque o mundo está mudando rapidamente por meio dos efeitos revolucionários das novas tecnologias.

Uma das mudanças mais impressionantes é a da globalização. A globalização econômica está levando a novas formas de desenvolvimento de mercados de trabalho, forçando nossas economias a se adaptarem a novos negócios e iniciativas. De um ponto de vista social, contudo, a globalização implica que os seres humanos estejam mais conectados, que estejam ligados em rede. As crianças se comunicam com o mundo inteiro, pois a internet não tem limites ou fronteiras. Se elas jogam no computador, podem se comunicar com qualquer pessoa que esteja, como elas, disposta a resolver um problema ou responder a uma determinada questão. Tendo essas mudanças sociais como pano-de-fundo da ação e do pensamento de nossos alunos, vejamos o que exatamente as crianças estão fazendo e o que as torna tão diferentes de seus pais e avós.

A geração que nasceu do final da década de 1980 em diante tem muitos apelidos, tais como "geração da rede", "geração digital", "geração instantânea" e "geração *ciber*". Todas essas denominações se referem a características específicas de seu ambiente ou comportamento. "Geração da rede" é uma expressão que se refere à internet; "geração digital" refere-se ao fato de as crianças atuarem em mundos digitais *on-line* ou a lidarem com informações digitais. "Geração instantânea" faz referência ao fato de suas expectativas serem as de que as respostas devem ser sempre imediatas. Muitas gerações têm apelidos, então por que esta deveria ser diferente? Será que as diferenças para com as gerações anteriores são mesmo importantes ou se trata somente de outra geração, posterior à geração X e à geração do pós-guerra? A resposta é que a geração da rede difere de qualquer outra do passado porque cresceu em uma era digital.

Sendo os primeiros seres digitais, cresceram em um mundo onde a informação e a comunicação estão disponíveis a quase todas as pessoas e podem ser usadas de maneira ativa. As crianças hoje passam horas de seu dia assistindo à televisão, jogando no computador e conversando nas salas de bate-papo. Ao fazê-lo, elas processam quantidades enormes de informação por meio de uma grande variedade de tecnologias e meios. Elas se comunicam com amigos e outras pessoas de maneira muito mais intensa do que as gerações anteriores, usando a televisão, o MSN, os telefones celulares, os iPods, os *blogs*, os *Wikis*, as salas de bate-papo na internet, os jogos e outras plataformas de comunicação. Usam esses recursos e essas plataformas em redes técnicas globais, tendo o mundo como quadro de referência.

Três aparelhos tiveram grande importância: o controle-remoto da televisão, o *mouse* do computador e o telefone celular. Com o controle-remoto da televisão, as crianças cresceram habituadas a escolher assistir a uma variedade de canais nacionais e estrangeiros. O número de canais de televisão disponíveis está sempre crescendo; via cabo e satélite, as crianças podem escolher qualquer um dos 2.200 canais ou 1.500 estações de rádio do mundo inteiro que estão disponíveis. Ao assistir à televisão, aprenderam a interpretar as imagens antes mesmo de aprender a ler, e a interagir, ainda que de maneira bastante restrita, com um meio de comunicação de massa. Um estudo feito nos Estados Unidos demonstrou que, em média, os alunos de 21 anos que se formavam nas universidades já haviam assistido a 20 mil horas de televisão, jogado mais de 10 mil horas no computador e lido livros por mais do que 5 mil horas (Prensky, 2001). O número de horas destinado a jogar no computador está aumentando e, em pesquisas recentes, o computador parece estar chegando ao topo da lista. Usando o *mouse*, os alunos navegam pela internet e clicam até que achem o que querem, buscando ícones, sons e movimentos mais do que propriamente letras. O telefone celular ajudou-os a se comunicarem com a mãe ou com os amigos com maior facilidade, pois a distância física não representa qualquer restrição à comunicação.

Os usos dessas tecnologias influenciaram o modo de pensar e o comportamento do *Homo zappiens*. Para ele, a maior parte da informação que procura está apenas a um clique de distância, assim como está qualquer pessoa que queiram contatar. Ele tem uma visão positiva sobre as possibilidades de obter a informação certa no momento certo, de qualquer pessoa ou de qualquer lugar. O *Homo zappiens* aprende muito cedo que há muitas fontes de informação e que essas fontes podem defender verdades diferentes. Filtra as informações e aprende a fazer seus conceitos em redes de amigos/parceiros com que se comunica com frequência. A escola não parece ter muita influência em suas atitudes e valores. Chamaremos essa geração de *Homo zappiens*, aparentemente uma nova espécie que atua em uma cultura cibernética global com base na multimídia. Como é que essa geração age e como ela desenvolve seu comportamento? Vejamos três situações típicas que a maior parte dos pais encontrará.

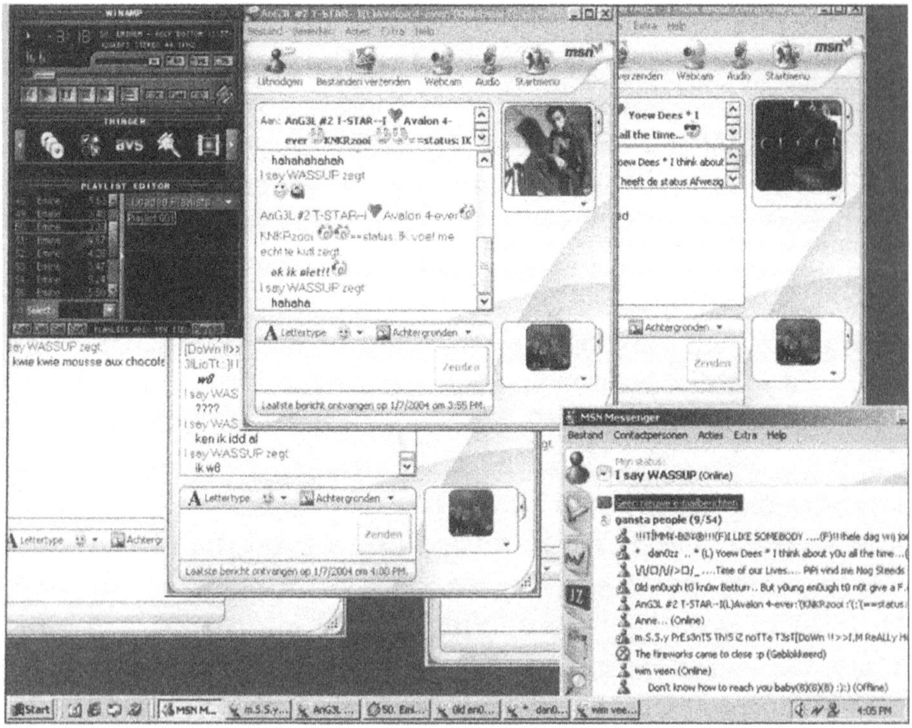

Figura 2.1
Uma tela típica de computador de um *Homo zappiens* no momento em que está conversando *on-line*.

A primeira é a de um dia escolar comum em que os alunos reúnem-se ao redor dos portões da escola esperando pelo ônibus ou pegando suas bicicletas para ir para casa. Em casa, eles ligam seu computador e começam uma conversa, no MSN, com os mesmos colegas com que acabaram de falar na escola. Jogam *on-line* com eles, enquanto começam outra conversa com outros amigos que aceitaram na lista de contatos do MSN. Sua lista de contatos contém 150 nomes, já que este é o limite do MSN[1]. Uma pesquisa nacional da MSN demonstrou que o número médio de conversas que as crianças têm ao mesmo tempo é de cerca de 10, e elas conseguem conversar abrindo e fechando telas, enquanto uma barra de ferramentas colorida alerta que há uma resposta esperando por eles.

Alguns dos contatos são bloqueados: às vezes o usuário não quer falar com alguém por um tempo ou mesmo para sempre. As regras são rígidas. Se você se passa por outra pessoa no MSN, será bloqueado ou excluído da conversa. A ideia é que o usuário deve saber com quem está conversando, sobre o que está falando e quando. As conversas podem ser facilmente terminadas a qualquer momento. Basta escrever algo como "T+" (até mais) ou mesmo não dizer nada e clicar no símbolo *X* no canto direito superior da tela, já que não há formalidades como antes. O MSN é atualmente uma das plataformas de comunicação mais utilizadas. Somente na Holanda, há quatro milhões de usuários (quase um quarto da população do país), enviando 22 milhões de mensagens por dia.[2] O MSN está quase sempre ligado – o *Homo zappiens* está ligado em rede com amigos físicos e virtuais.

A segunda situação que muitos pais enfrentarão é a de comprar um jogo de computador para seu filho. Quando chega em casa, a criança quer logo começar a jogar e coloca o CD no computador. Você começa a ler o manual de instruções, enquanto a criança começa a jogar. Quando o pai está na página 11, a criança provavelmente já está no meio do jogo. E, quando ela não consegue ir adiante, simplesmente liga para um amigo e pede ajuda, entra em um *site* sobre o jogo ou pergunta a alguém na escola. Ela sequer cogita ler as instruções.

A diferença entre o *Homo zappiens* e você é que você funciona linearmente, lendo primeiro as instruções – usando o papel – e depois começa a jogar, descobrindo as coisas por conta própria quando há problemas. O *Homo zappiens* não usa a linearidade, ele primeiro começa a jogar e, de-

---

[1] Com o MSN 7.0, a capacidade de contatos subiu para 300.

[2] Nielsen/Netratings: MSN populairste IM Europa, 18 march 2004. www.emerce.nl/nieuws.jsp?id=254476

pois, caso encontre problemas, liga para um amigo, busca informação na internet ou envia uma mensagem para um fórum. Em vez de trabalhar sozinho, eles usam redes humanas e técnicas quando precisam de respostas instantâneas. Por isso o *Homo zappiens* tem sido chamado “Geração instantânea”. Eles querem respostas quase instantâneas para suas perguntas, e isso é uma realidade para a maior parte deles. O *Homo zappiens* já sabe como obter respostas instantâneas, simplesmente enviando perguntas à pessoa certa, fórum, sala de bate-papo ou sala de discussão.

A terceira situação que a maior parte dos pais encontrará é a do *Homo zappiens* assistindo à televisão. Zapear canais é algo comum, já que as crianças assistem a seis ou mais canais ao mesmo tempo. Todas elas o fazem, e é raro uma criança assistir ao mesmo canal por mais de uma hora. Os canais de música, tais como a MTV, são populares entre elas, mas são assistidos de maneira simultânea com outros canais. Os pais talvez se preocupem com tal comportamento, já que zapear é algo comum, que ocorre aleatoriamente ou quando as crianças estão entediadas. Além disso, é difícil assistir à televisão quando alguém está com o controle na mão e fica zapeando a seu belprazer. A consequência é que as crianças têm seu próprio aparelho de TV no quarto, os quais em geral estão ligados ao mesmo tempo em que jogam no computador. A diferença aqui entre você e o *Homo zappiens* é que você foi treinado para assistir a um canal por vez, e, quando era jovem, não tinha sequer a chance de trocar de canal com facilidade. A cultura do zapear incomoda os pais, porque eles acham que as crianças não pegam as mensagens de vários programas ao mesmo tempo e, como resultado, seu conhecimento se torna muito raso.

Quando faz sua tarefa de casa, o *Homo zappiens* também realiza outras coisas ao mesmo tempo. Enquanto fazem sua tarefa, as crianças ouvem sua música favorita no mp3 ou em CD, respondendo a mensagens no MSN e, caso tenham uma TV no quarto, ela provavelmente estará ligada. A velha regra de fazer uma coisa de cada vez para fazer a coisa certa não se aplica a esta geração. Eles dividem sua atenção entre os diferentes sinais de entrada e decidem processá-los quando adequado, variando seu nível de atenção de acordo com seu interesse. Se na TV estiver passando um videoclipe de que gostem, as crianças “ligam-se” no que está passando; depois que o clipe acaba, a atenção destinada à televisão diminui.

Fazer a tarefa escolar é uma questão de última hora. Enquanto você aprendeu a fazer sua tarefa de maneira planejada, o *Homo zappiens* começa a trabalhar no último momento possível. A escola é apenas uma parte de sua vida: não é a principal atividade. As crianças sabem que têm de ir à escola e fazer testes, mas a escola parece mais um lugar de encontro de amigos, um espaço social, do que um lugar para aprender. É um lugar

A Wikipédia: um trabalho colaborativo *on-line* para a obtenção de conhecimento.

A Wikipédia é uma enciclopédia *on-line*. Trata-se de uma aplicação e um exemplo de um *software* social: a plataforma oferece um meio de processamento de texto colaborativo, neste caso a criação da maior enciclopédia do mundo. O nome tem como base a expressão "*wiki wiki*", que, em havaiano, quer dizer "rápido". Um *site wiki* permite que seus visitantes acrescentem ou editem seu conteúdo com rapidez. A tecnologia pode ser usada para criar textos/verbetes *on-line*, que são constantemente atualizados por qualquer pessoa que sinta a necessidade de fazê-lo.

A Wikipédia oferece uma grande variedade de artigos enciclopédicos, que abordam uma ampla gama de assuntos. Como qualquer enciclopédia, ela nunca será e nunca poderá ser "completa", mas uma de suas maiores vantagens é que pode ser atualizada constantemente por mais de seis bilhões de potenciais usuários da internet. Se faltar algum artigo na enciclopédia, você mesmo pode escrevê-lo.

(*continua*)

(*continuação*)

Assim como em outros trabalhos comunitários, a Wikipédia aposta na confiança. Se alguém decidir escrever um artigo segundo o qual, por exemplo, o Holocausto não aconteceu, tal artigo poderá estar na Wikipédia, ficando a cargo da comunidade corrigir o erro. Isso, por si só, garante que o conteúdo da enciclopédia reflita o que a maioria dos usuários ativos considera a verdade. Para editar um artigo, você tem de criar uma identidade, o que facilita que as mudanças possam ser acompanhadas, embora também seja permitido enviar informações de maneira anônima. Os artigos que a comunidade considera de alto valor podem ser qualificados como "artigo em destaque", o que é equivalente, por exemplo, a um alto índice de busca em uma pesquisa no Google.

Em vez de apontar especialistas em diferentes áreas da ciência, das ciências sociais, da linguagem, etc., que depois se constituem em autoridades que fornecem informações à comunidade, a Wikipédia oferece uma abordagem alternativa que pode ser muito mais rápida no suprimento de informação. Em vez de buscar as pessoas certas para obter informações, você pode pedir a toda comunidade que diga o que sabe sobre um determinado tema. Se for interessante, a resposta será dada em pouco tempo e muitos indivíduos podem acrescentar pequenas partículas de informação que, juntas, podem formar a resposta que você procurava ou indicar uma resposta que você sequer havia considerado.

Suponha que em sua opinião a vida e a morte de um velho líder político sejam tão interessantes que qualquer pessoa deveria pelo menos poder ter acesso a essa informação por meio de uma fonte de boa reputação. Por que esperar pela aprovação do editor da *Enciclopédia Britânica* se você mesmo pode publicar a informação a esperar que as pessoas que de fato tenham interesse pela informação decidam se ela é ou não relevante? Se tivéssemos decidido que a expressão, e título deste livro, *Homo zappiens*, merecesse um artigo na Wikipédia, poderíamos escrevê-lo e publicá-lo.

onde você fala fisicamente com seus amigos, um lugar em que você entra em contato com eles, criando sua rede. As crianças fazem suas tarefas com o auxílio dessa rede e as finalizam bem na hora de entregá-las. Se você frequentou a faculdade, lembrará de um comportamento similar; contudo, na escola fundamental ou média, planejar como fazer sua tarefa e coisas semelhantes era como um hábito, algo mais comum entre os alunos.

O *Homo zappiens* vive em um mundo cujos recursos de informação são muito ricos. Lindström e Seybold (2003) declararam que uma criança hoje absorve cerca de 8 mil imagens de marcas ou logos por dia. Tal carga de informação pode parecer excessiva para os pais ou para quem nasceu antes da década de 1980, mas o *Homo zappiens* não considera o fato de ter de processar grandes quantidades de informação um problema. Ele adotou o computador e a tecnologia da mesma forma que as antigas gerações fizeram com a eletricidade; a informação e a tecnologia da informação tornaram-se parte integrante de sua vida. O *Homo zappiens* lida com extrema facilidade com os computadores e sem a necessidade de fazer cursos; ele manipula seus telefones celulares, enviando mensagens com os dois polegares ou com apenas um deles se a outra mão não estiver livre, e tem amplo conhecimento sobre como baixar e modificar arquivos de música, utilitários para compactação de arquivos e ferramentas para programação.

Contudo, ter essas habilidades não quer dizer que eles sejam especialistas em tecnologia – apenas alguns deles se interessam por programação ou informática. A maior parte deles não se interessa pela tecnologia em si, eles apenas a usam. Quando precisam usar alguma ferramenta, como LimeWire ou WinRar, sabem como baixá-la, instalá-la e usá-la para enviar arquivos de música. Se, contudo, os procedimentos padrões de instalação apresentarem problemas técnicos, a maior parte deles culpará a tecnologia. Se seus amigos não sabem como resolver o problema, eles provavelmente desinstalarão o programa e tentarão instalar outro. A tecnologia existe para servi-los; quando isso não acontece, o problema é da tecnologia.

As gerações anteriores tendiam a considerar a tecnologia algo difícil de dominar, considerando câmeras de vídeo aparelhos de difícil manuseio. Enviar mensagens SMS (Short Message Services – serviço de mensagens) é ainda um problema para boa parte dos pais, e é claro que os computadores ainda não são bem-utilizados por grande parcela de população, embora não se queira aqui desprestigiar aqueles que lutaram e conseguiram encontrar seu caminho na era digital. O *Homo zappiens*, porém, trata a tecnologia como um amigo e, quando um novo aparelho surge no mercado, pergunta por seu funcionamento e quer entender como tal aparelho poderia ajudá-lo em seu cotidiano. Para eles, o critério principal para adotar a tecnologia não é o fato de o *software* ou programa ter boa usabilidade, mas o fato de dar conta ou não de suas exigências e necessidades.

Na verdade, o *Homo zappiens* nasceu com um *mouse* na mão, já sabia como manipular o controle-remoto da televisão com 3 anos e, com 8, já tinha seu próprio telefone celular. E os usos da tecnologia não param aqui: *walkmans*, iPods, aparelhos de mp3, câmeras digitais, Xboxes, GameCubes e PlayStations 2 e 3 fazem com que ele tenha ainda mais habilidade com os produtos tecnológicos.

O que há de tão importante em saber usar tais recursos? Será que estamos falando apenas das habilidades que as crianças desenvolvem por saber manuseá-los? Ou será que a influência do uso da tecnologia vai além das habilidades operacionais? A resposta pode ser afirmativa. Todos os recursos mencionados têm algo crucial em comum: eles dão ao usuário o controle de uma ampla variedade de fluxos de informação e comunicação. Qualquer usuário pode, a qualquer momento, ativar, mudar ou interromper esses recursos apertando um simples botão. Eles colocam o usuário em uma posição de controle para decidir qual informação processar ou com qual comunicação se envolver ou não. Eles não só capacitam o usuário a controlar o fluxo de informação, mas também o ajudam a lidar com a sobrecarga de informação e a selecionar a informação de modo eficiente, adequadamente, prontamente e de acordo com suas necessidades. A velocidade com que o *Homo zappiens* usa a internet para buscar informação é alta e, para os pais, pode parecer apenas uma questão de puro acaso que os filhos encontrem o que querem. Apenas buscando informação juntamente com uma criança é que você perceberá o contrário. É uma questão de habilidade, e não de acaso. A capacidade de busca das crianças é muito maior do que a nossa e é improvável que você consiga alcançar a mesma velocidade delas, mesmo tendo praticado por muito tempo.

O *Homo zappiens* desenvolveu habilidades para separar as informações verdadeiras das falsas na internet. É impressionante ver que como ele reconhece *websites* e, em especial, *blogs*, nos quais aparentemente meninos e meninas apresentam seu dia-a-dia e atividades, mas que, na verdade, são apenas anúncios para uma empresa. Por meio de sinais ocultos, tais como produtos específicos que são representados nas páginas da *web*, as crianças distinguem *sites* de propaganda e aprendem a detectar as finalidades da informação. Pela própria sobrecarga de informação com que têm de lidar, as crianças desenvolvem um bom conhecimento relativo à valorização da informação, tornando-se menos vulneráveis ao doutrinamento ou a mensagens enganadoras.

As novas tecnologias são predominantes em suas vidas, em especial em determinados aplicativos multimídia, como é o caso dos jogos para computadores. A maior parte dos jovens começa a jogar aos 3 anos. Há muitos jogos simples nas lojas hoje, e, antes de entrar na pré-escola, a criança já terá aprendido os princípios fundamentais da matemática, saberá reconhecer formas e figuras retangulares, circulares e piramidais e como pagar por mercadorias ao fazer compras, como classificar ou montar objetos e como usar o computador ou manipular o teclado. Para o *Homo zappiens*, a aprendizagem começa com uma brincadeira e se trata de uma brincadeira exploratória por meio dos jogos de computador.

Os jogos simples feitos para crianças pequenas são tanto para meninos quanto para meninas. Nesse estágio, a questão do gênero não é relevante. À medida que crescem, os meninos demonstram mais interesse por jogos violentos e de guerra. Jogos de artilharia não são os ambientes preferidos pelas meninas. Elas, em geral, preferem mais aqueles de aventura e quebra-cabeças, assim como gostam mais de aplicações relacionadas à comunicação. Mas as diferenças de gênero estão aos poucos diminuindo, pois a participação das garotas em jogos que requerem a presença de vários participantes na internet está crescendo de maneira estável. Nesses jogos da internet, tanto a violência quanto o pensamento estratégico estão intimamente relacionados e, assim, criam ambientes em que não só a "força e a destruição" parecem reinar. Devemos dizer que em jogos como Counter Strike ou Grand Theft Auto pode parecer que a violência chama a atenção dos meninos, mas, na verdade, é algo diferente que os atrai a esses jogos. Para os meninos, a violência não é a meta principal; o que de fato os atrai é a capacidade e agilidade de reagir ou responder a situações inesperadas. O que os pais veem seus filhos jogar é a chamada camada declarativa do jogo, o que se vê na tela. Contudo, sob essa tela de computador está o que move o jogo. Da mesma forma que o Banco Imobiliário ficou famoso como jogo que trata de ganhar dinheiro, a mesma motivação subjacente foi utilizada em outras camadas declarativas e, assim, em muitos outros jogos.

Da mesma forma que as garotas tendem a jogar jogos mais violentos hoje, os meninos tendem a usar mais ferramentas de comunicação. Essas ferramentas começaram nas salas de bate-papo, no MSN, no ICQ e em outros programas, mas recentemente novas ferramentas ficaram disponíveis, tais como *sites* em que se pode divulgar seu perfil, serviços como o You Tube, Hives, Google Vídeo Blog e outros ambientes gratuitos da internet em que você pode apresentar e compartilhar não só informações escritas, mas também audiovisuais, por meio de câmeras digitais, agora disponíveis a custo muito baixo. Embora a questão de gênero tenha se manifestado durante a fase de decolagem dos jogos, esperamos que o *Homo zappiens* use a tecnologia independentemente de seu gênero. Além disso, se observarmos os princípios subjacentes dos jogos e dos ambientes de comunicação, esses princípios não parecerão ter sido voltados a um gênero ou outro. E é essa a razão pela qual a questão de gênero na tecnologia provavelmente será temporária.

Há algum tempo, um professor em formação, trabalhando em meu grupo de pesquisa realizou um experimento prático, pedindo a crianças de 5 anos que criassem uma história. Uma das garotas fez dois desenhos, e depois perguntou à professora se poderia usar sua câmera digital. Ela tirou fotos de seus desenhos e depois começou a fazer um álbum, fotografando seu ursinho de pelúcia, que seria seu coadjuvante na preparação de ovos, que comeriam antes de dormir. A menina colocou então todas as fotos em uma apresentação do PowerPoint, acrescentado diálogos às imagens para fazer com que a história ficasse melhor. Ela pediu à professora que ajudasse a escrever as legendas para a história. Uma hora depois, a menina apresentou a história para a turma e muitos de seus colegas gostaram tanto da apresentação que pediram para repeti-la inúmeras vezes. Essa criança de 5 anos não era superdotada e nem tinha nenhum talento excepcional; era uma criança comum em uma escola comum, que cresceu tendo a tecnologia ao seu lado.

O *Homo zappiens* passa muito tempo jogando no computador. Se os pais não fixarem um número diário de horas para uso do computador e para assistir à televisão, as crianças não terão limites. Brincar ao ar livre não é algo muito interessante para elas, embora os pais tentem forçá-las a sair tanto quanto possível. As crianças jogam uma imensa variedade de jogos para computador: jogos de artilharia, de aventura, *role-playing*, etc. Elas jogam em consoles, no computador ou em aparelhos portáteis, e têm suas próprias preferências por determinados jogos ou aparelhos. Falam muito sobre os jogos com seus colegas, sendo aparentemente o assunto preferido das conversas, juntamente com vídeos musicais e filmes, tais como *Harry Potter*, *Sin City*, *Matrix* e *Senhor dos Anéis*.

Desde os anos de 1980, os jogos de computador ficaram mais difíceis. Há problemas complexos a resolver e os papéis que você pode interpretar são muito mais elaborados do que há uma década. Não obstante, as crianças continuam a jogar e a sentir o desafio de fazê-lo. Por quê? Por que as crianças passam horas e horas para chegar no nível 35 no jogo World of Warcraft? Por que elas querem ser aquele ogro ou paladino e até pagar mensalmente por isso? O jogo World of Warcraft comporta muitos jogadores e foi desenvolvido a partir de um simples CD-ROM lançado há 10 anos, tornando-se um jogo que hoje tem aceitação global na internet, onde mais de três milhões de pessoas pagam para jogá-lo.

Várias questões podem explicar a perseverança das crianças em jogar jogos difíceis. Primeiramente, qualquer que seja o tipo de jogo, as crianças têm de estar *ativas* desde o começo. Os jogos não têm explicações introdutórias sobre como você deve jogá-los ou sobre como começá-los, embora possa haver um módulo de exercícios em alguns deles. Em segundo lugar, os jogos exigem e desafiam os jogadores a tomar as rédeas e a estar no controle, a descobrir caminhos e soluções sozinhos. A consequência é que o *Homo zappiens* aprende muito rapidamente a descobrir o que fazer. Somente quando são muito jovens perguntam a seus pais como começar a jogar. Mas os pais logo são superados pelos filhos e, a partir dos 7 ou 8 anos, as crianças não mais precisam de ajuda. Em terceiro lugar, as crianças *imergem* nos jogos de computador – adotando a personalidade do papel que estão interpretando e agindo de acordo com suas característica. Os jogadores são absorvidos por um mundo virtual, que se torna um mundo real no momento em que estão jogando. Essas três características despertadas pelos jogos – atividade, controle e imersão – são cruciais para que as crianças sintam-se motivadas a jogar jogos bastante complicados.

Jogar pode se tornar uma atividade socialmente intensa quando as crianças decidem organizar uma festa LAN* (Local Area Network). Os amigos reúnem-se, cada um trazendo seu computador ou *laptop*.

A maior parte das pessoas que participa de uma festa LAN é composta por meninos que têm entre 14 e 22 anos, ou até mesmo 26, de origem variada e vindos de escolas também variadas, que se conhecem de outros encontros semelhantes. Um dos sistemas é configurado como servidor e todos os computadores são organizados em uma rede local na qual podem jogar juntos. Formam grupos, colaborando ou competindo contra outro participante ou, então, todos jogam contra o computador. Se estiverem em

Figura 2.2
Crianças em uma LAN.

* N. de R.T. Local Area Network: rede de computadores local utilizada para obter velocidades de interação maiores que nas redes pela internet.

um jogo multiusuário pela *web*, jogadores virtuais podem participar. A atmosfera é semelhante à de uma partida simultânea de xadrez, mas muito mais informal e mais cooperativa. Os jogadores falam sobre estratégias que consideram eficazes; há longos períodos de silêncio em que todos estão altamente concentrados. Tais encontros duram, pelo menos, de 36 a 48 horas, sem dormir. Já assisti a vários jogos em uma festa LAN e os considero exaustivos. Mas quando você está cansado, pode se deitar por uma hora ou duas em um sofá. Recomendo que os pais e os adultos em geral visitem a uma festa LAN pelo menos uma vez; garanto que aprenderão muito! Ser convidado a participar e a assistir aos meninos jogarem é um prazer, e nos dá a oportunidade de comunicação com eles, melhor entendendo seus comportamentos, atitudes e crenças.

A necessidade de ter controle fica também clara quando o *Homo zappiens* joga no pátio da escola. Em vez de participar de jogos com regras fixas, as crianças gostam de inventar seus próprios jogos e regras. Muitos desses jogos não têm ganhadores ou perdedores. As regras do jogo podem ser mudadas, e aí está a graça. Assim, o jogo passa a ser um evento social em evolução, dirigido pelos próprios jogadores.

O *Homo zappiens* faz uso da tecnologia "24/7" (vinte e quatro horas por dia, sete dias por semana). O MSN está sempre ligado; falar com os amigos é algo que se pode fazer facilmente com um clique do *mouse*. Há pouco tempo, um professor me contou sua experiência durante um acampamento escolar no começo do ano letivo. Antes do advento dos telefones celulares, os alunos vinham até ele para discutir os problemas com que se deparavam no acampamento. Hoje, ninguém vem até o professor para resolver o problema; os alunos ligam para seus pais. O *Homo zappiens* vive em um mundo interligado e este mundo não se restringe aos limites tradicionais da cidade ou do país em que vivem. As redes são humanas e tecnológicas. As redes humanas são aquelas usadas para a comunicação interpessoal, seja ela física ou virtual.

As redes técnicas consistem em infraestruturas técnicas (principalmente a internet), computadores, aparelhos e *softwares* que são usados para armazenar e obter informações. As redes humanas incluem aquelas pessoas com quem falam por meio do MSN, salas de bate-papo, *e-mails*, escolas ou no clube. Uma característica do *Homo zappiens* é que ele se integra com facilidade com amigos virtuais ou vizinhos físicos. Estar presente fisicamente não parece fazer muita diferença. Eles podem jogar com várias pessoas ao mesmo tempo na internet e colaborar em uma equipe formada de indivíduos que nunca encontrou, e nunca encontrará, fisicamente. Não é necessário conhecer alguém fisicamente para trabalhar em conjunto. Nos jogos com múltiplos participantes que há na internet, como

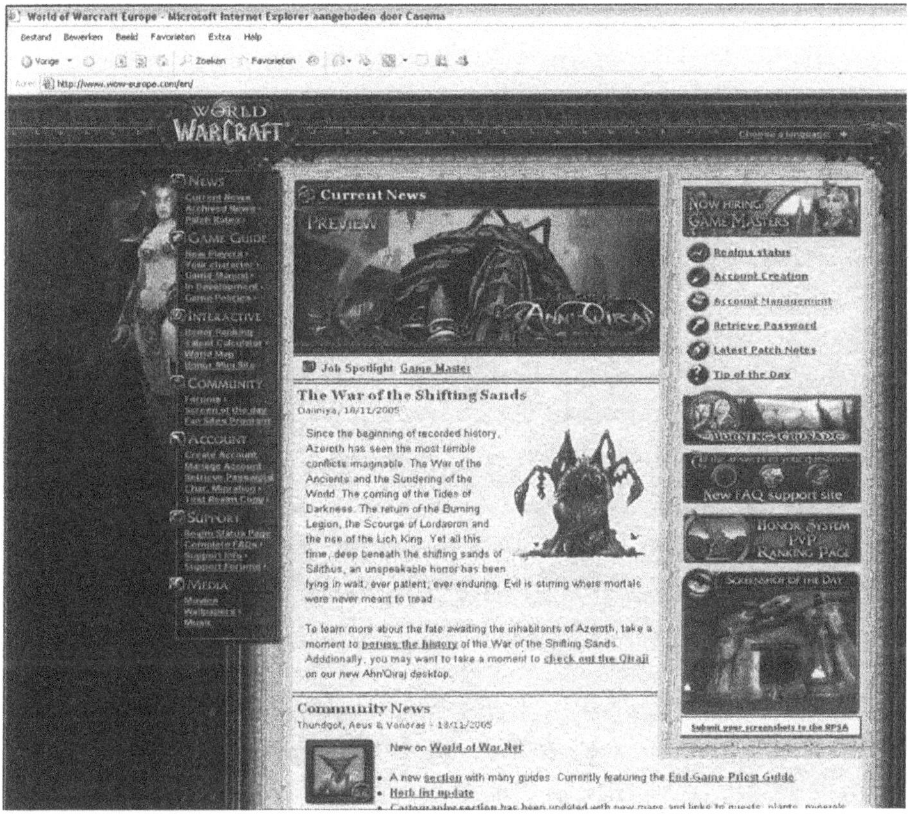

Figura 2.3
O portal principal do jogo World of Warcraft, um jogo MMO(RP)G bastante conhecido.

o World of Warcraft, você encontrará avatares, ou seja, representações de jogadores de algum lugar do mundo. Com alguns deles, você poderá trabalhar para resolver um problema, tal como o de derrotar um monstro enorme em alguma caverna escura, a fim de encontrar as chaves necessárias para seguir jogando.

Para jogar o World of Warcraft é necessário estar associado a outros jogadores a fim de ingressar na caverna, sob pena de não sobreviver caso entre sozinho. Já joguei com outros jogadores completamente desconhecidos e nos comunicamos por meio de uma sala de bate-papo para definir nossas estratégias para o jogo. Uma vez realizada nossa missão, cada um continuou seu próprio caminho, mas foi divertido trabalhar em conjunto e até trocamos algumas informações engraçadas sobre nós mesmos. Quem joga o World of Warcraft com frequência cria comunidades: grupos de jogadores mais experientes que atuam em conjunto para resolver desafios maiores. Os jogadores se comunicam por meio de ferramentas como o Ventrillo ou o Teamspeak, ferramentas de áudio e vídeo que permitem a comunicação verbal e escrita pela internet.

As crianças aplicam abordagens similares na busca e no envio de informações na internet. Não colocam somente palavras na internet, pois a cibercultura está centrada na multimídia. Comunicar-se por imagens é a abordagem preferida do *Homo zappiens*. Diz-se o que se quer por meio de uma imagem. Coloca-se uma imagem na internet e todos as pessoas têm acesso a ela. O Flickr.com é um exemplo do assim chamado *software* social e serviço *on-line* pelo qual as pessoas de todo o mundo enviam suas fotos digitais, compartilhando-as. Cabe ao usuário dar ou não acesso a suas fotos e permitir que outras pessoas acrescentem *tags* a elas. *Tags* são palavras que você acrescenta a uma imagem para que as pessoas busquem e encontrem suas fotos com mais facilidade.

Há um grande número de ferramentas disponíveis aos usuários, que variam do simples *upload* e *download* para a criação de *blogs* até ferramen-

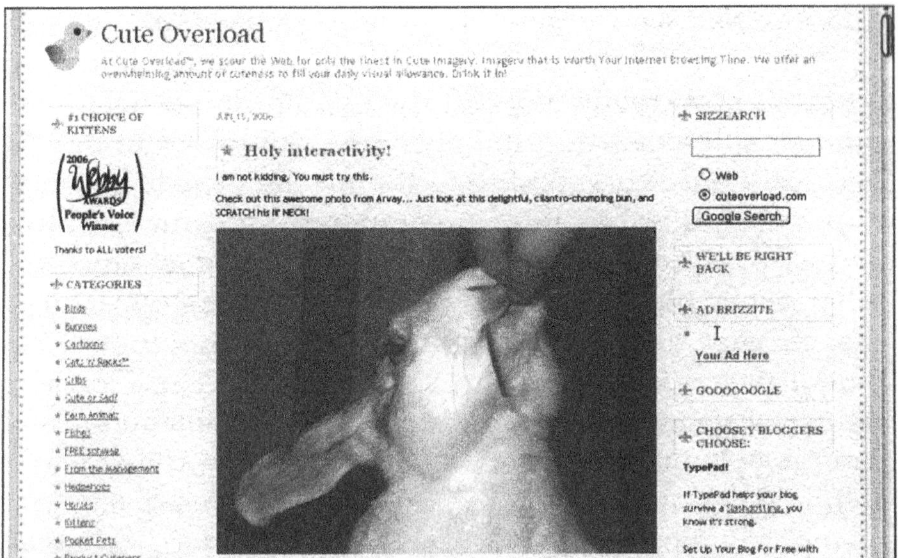

Figura 2.9
Um *blog* sobre as imagens mais fofas encontradas na internet.

tas para manipulação de imagens. Depois de ir ao casamento de um amigo ou familiar, é possível enviar fotos para uma área privativa e compartilhá-las com todas as pessoas que estiveram na cerimônia, que podem, por sua vez, fazer o mesmo no mesmo espaço. A característica mais atraente do Flickr.com é que qualquer pessoa pode acrescentar *tags* com comentários sobre qualquer foto. Pelo fato de todas as fotos serem digitais, você pode usá-las em conjunto com muitas ferramentas que permitem a manipulação de imagens.

A internet é tão real quanto a sala de estar de sua casa ou quanto a escola. É um local de encontro, um ciberespaço social. É por isso que os *blogs* tornaram-se populares entre os jovens. Os *blogs* são diários digitais que todos podem acessar. É possível escrever sobre qualquer coisa: histórias, convicções, experiências, fotos, jogos, qualquer coisa que você deseje compartilhar com o mundo. A diferença em relação a um *site* comum é que os *blogs* oferecem facilidades para a comunicação com os leitores, amigos, colegas ou qualquer pessoa que sinta necessidade de contatá-lo. O *blog* mudou a visão acerca do conceito de privacidade. Aquilo que se pode compartilhar com os outros parece acompanhar o ritmo da tecnologia. Embora possa se dizer que a tecnologia, acima de tudo, faz com que as coisas aconteçam com maior facilidade, devemos também reconhecer que ela de fato influencia a abertura e a franqueza em nossa sociedade e, como consequência, o modo como tendemos a pensar sobre conceitos como privacidade.

Um bom exemplo da mudança de conceitos sobre privacidade está no *site* "43 Things" (www.43things.com). Nele, crianças e adultos descrevem seus desejos e ambições a curto ou longo prazo. Ao visitar o *site*, você verá os diferentes desejos listados em uma "nuvem de *tags*", estando os mais populares em letras maiores e os menos populares em letras menores. Clicando nos *tags* correspondentes, você tem acesso aos desejos das pessoas que compartilham deste mesmo *tag*. Você pode participar imediatamente da comunidade, basta fazer perguntas ou comentários. Os indivíduos compartilham informações bastante privadas no *site*, tais como suas ansiedades, problemas de saúde e modo de vida. Um dos *tags* que visitei era sobre "parar de se cortar", no qual encontrei pessoas que mostravam os resultados de cortes feitos por elas mesmas em seus corpos. Elas formaram uma comunidade em que discutem seus problemas de maneira bastante aberta e franca, algo muito mais difícil de fazer quando se está cara a cara com alguém.

Pesquisando esses ambientes da internet, descobre-se que pessoas de todas as classes sociais participam das comunidades virtuais. A internet não é mais um ambiente de exclusão social. Ao contrário, une as pessoas de todas as origens socioeconômicas. Embora no passado de fato tenha havido o problema de as famílias de baixa renda não disporem do dinheiro para ter um computador ou conexão à internet em casa, o número de casas que hoje tem acesso a computadores e à internet está sempre crescendo. Os ambientes da internet, tais como o *site* "43 Things", demonstram que a internet é um lugar para todos, e não apenas para a classe média. É claro que ainda há o fato de nem todas as pessoas poderem comprar o *hardware* necessário, mas a questão não é mais a de poder comprar um computador, e sim a de ter acesso à tecnologia. As escolas, bibliotecas, cafés com internet e outros espaços públicos atualmente oferecem acesso à internet e, portanto, à participação em comunidades virtuais. A divisão digital entre o primeiro e o segundo mundos não é mais uma questão de classes socioeconômicas, mas uma questão de gerações. As pessoas mais velhas não estão conectadas às realidades virtuais, pensando que a tecnologia é apenas para quem entende do assunto, e a consequência é que não veem as oportunidades e as grandes mudanças socioeconômicas, como a globalização, a individualização e as novas tecnologias, que estão ocorrendo em nossas sociedades.

Em âmbito global, contudo, ainda existe uma exclusão digital em sentido tradicional, em que a pobreza impede o acesso ao conhecimento e à comunicação por meio da tecnologia. Essa é uma questão que não está isolada de outras: está inclusa no desafio mais importante que temos de abordar neste século. A divisão equânime da riqueza entre as nações é o que se deve alcançar, sob pena de haver revoluções ou guerras. Não se deve culpar a tecnologia por isso; ao contrário, a tecnologia oferece muitas oportunidades para equilibrar essa divisão de mundos. Já há grandes iniciativas: a Wikipédia, a enciclopédia livre, que visa servir o mundo em desenvolvimento; e "o computador de 75 euros", um computador barato, desenvolvido para atender países menos ricos em que haja restrições no setor de eletricidade. Esse computador está atualmente sendo produzido e estará amplamente disponível em um futuro próximo. Mas voltemos ao comportamento do *Homo zappiens*.

Usando a internet as crianças aprenderam a buscar e a encontrar as informações de que precisam; jogando no computador jogos como Civilization III, Grand Theft Auto ou World of Warcraft, *aprendem por meio da descoberta e da experimentação*. Elas podem testar o que fazem de maneira livre; o computador dá-lhes a oportunidade de começar e recomeçar indefinidamente. O computador jamais pune ou é condescendente. Quando você não consegue atingir o nível que quer e perde sua última vida, o jogo informa "*game over*" e você pode recomeçar. Caso as crianças não queiram começar de novo desde o início, poderão "enganar" o computador por meio de alguma artimanha, em geral usando alguma senha que se encontra na internet. Na maior parte dos jogos de computador, você pode

Flickr, a maneira comunitária de compartilhar imagens

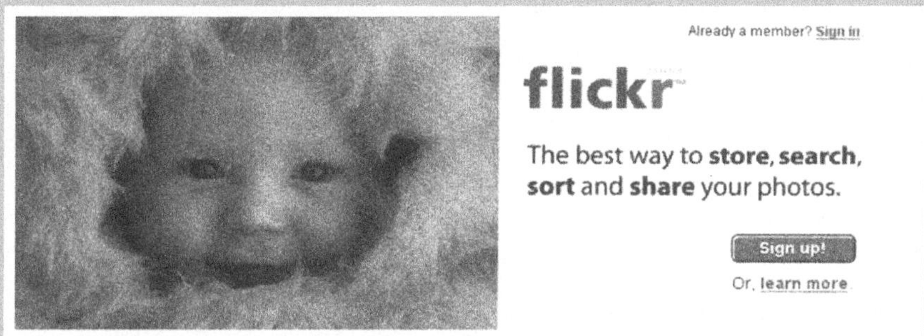

Totalmente de acordo com o trabalho de criar comunidades na internet e de facilitar o compartilhamento de recursos entre elas, o Flickr é um *site* em que os usuários podem manter, *on-line*, um banco de dados com todas as suas fotos. Cada foto enviada e acrescentada ao *site* pode ser buscada pelo nome do usuário, havendo também a possibilidade de qualquer outro usuário acrescentar seus comentários às fotos, além de classificá-las em *tags*.

Os usuários do Flickr podem acrescentar textos a suas fotos, explicando, assim, o que pode se ver nelas, ou então escrever um comentário engraçado sobre a imagem. Os visitantes também podem comentar vários aspectos da foto.

Empreendimentos como o Flickr são interessantes. As pessoas compartilham suas experiências e sua arte, fotos e histórias, como faziam os artistas de antigamente. No futuro, o Flickr poderá hospedar uma das maiores galerias digitais do século.

O que é também interessante é que o Flickr usa principalmente um método alternativo, chamado *creative commons*, de proteção de direitos intelectuais. Em vez de utilizar o tradicional "todos os direitos reservados", o *creative commons* junta-se à comunidade da internet e oferece um *copyright* em que "alguns direitos são reservados". À medida que a informação está se tornando cada vez mais um recurso de livre acesso a todos, com alternativas de custo zero surgindo quase que instantaneamente logo após alguém resolver cobrar por alguma informação, tem mais sentido apenas restringir direitos do que negá-los. O valor verdadeiro não está mais na informação, mas no nível de confiança que se atribui a uma informação e ao uso que se faz dela. Não se pode confiar ou usar a informação se o acesso for negado. Para uma visão mais completa sobre a licença *creative commons* e os serviços que essa organização oferece à comunidade da internet, visite o *site* http://creativecommons.org.

se tornar invulnerável, adquirindo uma quantidade ilimitada de vidas. É interessante ver que muitas crianças usam tais artimanhas para chegar ao final do jogo quando se deparam com um problema pela primeira vez, mas quando chegam ao final, voltam ao patamar em que estavam para começar o jogo novamente – e desta vez sem fazer uso de artimanha alguma.

O que se aprende em um jogo de computador pode ser praticado muitas vezes, pois a ausência de punições confere um sentimento profundo de confiança e de autoestima. Essa ausência de punições torna o jogador confiante quando tem de abordar um problema que parece complexo. Uma vez resolvido o problema, as crianças experimentam uma sensação positiva, e isso as ajuda a se motivarem ainda mais para o próximo desafio, já que o *Homo zappiens* pertence a redes, faz uso delas para resolver problemas. Com uma pequena ajuda de seus amigos, pode-se chegar a níveis que antes não eram possíveis. Ao telefonar ou se comunicar pelo MSN com um amigo, as crianças aprendem de maneira cooperativa, trocam estratégias e dão dicas sobre como jogar melhor. O sentimento coletivo do "nós" é mais forte do que o do "eu".

Os jogos de computador são tão atraentes para as crianças que é como se os inventores dos jogos tivessem descoberto como mantê-las motivadas e focadas nos desafios propostos. Quando perguntamos às crianças o que é tão atraente nos jogos, elas dizem que não é tanto o elemento da diversão que é importante. É claro que se divertir é bom, mas não é o motivo principal pelo qual elas gostam de jogar. É o desafio que as atrai ao jogo; sentir-se desafiado a resolver um problema e chegar ao próximo nível é o que importa. Sem querer ofender muitos dos meus bons colegas, ouso dizer que os elaboradores de jogos de computador entenderam a psicologia dos alunos melhor do que muitos educadores. Se pudéssemos usar suas estratégias nas escolas seria excelente! Ao jogar no computador, o *Homo zappiens* tornou-se um processador ativo de informação e alguém que sabe como resolver problemas, tendo desenvolvido estratégias para tanto.

Usando uma grande variedade de recursos comunicativos, o *Homo zappiens* também tornou-se um comunicador eficaz. Mal há barreiras para eles no telefone, no Skype, no MSN ou no envio de *e-mails*, e na maior parte das vezes as comunicações são curtas. Usar a linguagem SMS é bastante natural para ele, mesmo quando fala ao telefone. Embora informal, a linguagem SMS tornou-se um meio de comunicação para o qual há dicionários na internet agora. Muitas leituras fundamentais podem agora ser feitas em linguagem SMS. A constituição europeia e mesmo a Bíblia podem ser lidas em tal linguagem.

A tecnologia moldou o modo de ser do *Homo zappiens*; ele pensa em redes e de maneira mais colaborativa do que as gerações anteriores. A tecnologia é como um amigo, não um inimigo (Prensky, 2002). O modo de ser do *Homo zappiens* é digital, e não analógico. Suas estratégias de aprendizagem, por isso, mudaram – se aceitarmos que por meio de jogos de computador e da comunicação com outras crianças de fato se aprende. No próximo capítulo, abordaremos essa relação entre usar a tecnologia e aprender.

Como já foi mencionado, o *Homo zappiens* considera a escola um lugar de encontro com os amigos, mais do que um ambiente de aprendizagem. A escola não os desafia o suficiente a aprender e corre, atualmente, o risco de não estar mais em contato com sua audiência. A escola é um dos pontos da vida cotidiana dos alunos, mas não é o mais importante. É como se a escola não fizesse parte integral de suas vidas, um mundo completamente diferente do restante de seus contatos e atividades diárias. Um diretor de uma escola secundária falou com seu filho, que terminara o ensino médio, e decidiu matriculá-lo em um curso universitário. O menino disse: "Pai, não é o prédio da escola o problema, nem os professores. Muitos deles tentam fazer o melhor que podem e são muito bons. O que está errado é que a escola é muito monótona. O conteúdo, o currículo realmente é um saco". Se ouvirmos com atenção o que nossos filhos têm a nos dizer, verificaremos que não se trata de algo diferente disso. Pensávamos, como educadores, que havíamos elaborado, com cuidado e de maneira planejada, um currículo relevante e que preparasse para a educação futura. Embora soubéssemos, por nossa própria experiência, que muito do conteúdo que aprendemos na escola não nos serviu muito durante a vida, ainda consideramos nosso currículo nacional algo relevante. As crianças de hoje pensam de modo diferente e dizem que o conteúdo é irrelevante para suas vidas futuras e mesmo para seus estudos de hoje. Será que não devemos ouvi-las e começar a pensar de outro modo sobre a obrigatoriedade de um currículo padronizado para todos?

Além da questão do conteúdo, as salas de aula feitas com "giz e voz" não são interessantes para o *Homo zappiens*. São aulas que contrastam muito com o seu modo de ser. O contraste é muito grande para com sua vida fora da escola, em que ele tem controle sobre as coisas, há conectividade, mídia, ação, imersão e redes. Como aprendiz na escola ele se sente forçado a ser passivo e a ouvir o que o professor explica. Na maioria das escolas é proibido ligar o telefone, mesmo quando o som está desligado. Então o que ele faz é enviar mensagens SMS escondendo o telefone sob a mesa, enquanto "ouve" o que o professor está dizendo, olhando para ele como se estivesse interessado e balançando a cabeça de tempos em tempos. É fácil para o aluno saber qual tecla do telefone está digitando, pois a tecla 5 tem um ponto que a identifica, originalmente colocada ali para usuários deficientes visuais. Em muitos laboratórios de informática os alunos não podem usar o MSN ou entrar em *sites* que não estão explicitamente relacionados à educação.

Para concluir este capítulo: as escolas e os pais tendem a ver as crianças a partir da perspectiva do que eles pensam que as crianças deveriam fazer de acordo com seus valores e normas. Não há nada errado nisso, todas as gerações agiram assim – chamamos isso de "criar nossos filhos" –; contudo, já que esta geração de hoje é a primeira geração que ensina seus pais a usar um fórum, um telefone celular e a consultar sua conta bancária eletronicamente, entre outros serviços, é esta a primeira vez que podemos observar uma "educação invertida" ocorrer, fenômeno nunca visto antes. Por causa dessas grandes mudanças em nossa sociedade, os pais e professores deveriam observar as crianças naquilo que elas de fato fazem para entender que esta geração viverá em um mundo diferente, para o qual habilidades, atitudes e comportamentos novos serão compulsórios.

Muitos pais e professores, contudo, estão convencidos de que jogar no computador, conversar em salas de bate-papo e zapear os canais de TV é uma perda de tempo. Alguns deles provavelmente acham que o único aspecto positivo de jogar no computador é que se desenvolve uma boa coordenação motora. A maior parte acha que os jogos de computador não ajudam na aprendizagem. No que nos diz respeito, usar a internet, jogar no computador e zapear na televisão faz com que as crianças de fato desenvolvam habilidades valiosas que vão além das habilidades instrumentais, tais como a coordenação entre o olhar e as mãos. No próximo capítulo, tentaremos demonstrar como o *Homo zappiens* desenvolveu habilidades de aprendizagem que são fundamentais para a aprendizagem e extremamente úteis em uma sociedade da informação na qual não é mais o conteúdo que importa. Gostaríamos também de falar sobre a relação entre aprendizagem e os usos da tecnologia, assim como estabelecer algumas conexões entre aprendizagem na nossa futura sociedade, onde cada vez mais dependeremos da criatividade, atenção e conhecimento, como componentes essenciais para a sobrevivência.

DSpace, um sistema de armazenamento flexível, inovador e adaptável ao cliente

DSpace é um *software* digital desenvolvido para ajudar a comunidade acadêmica a gerenciar o arquivamento de seu material digital, que cresce cada vez mais. Trata-se de uma infraestrutura subjacente em que uma interface, como o E-trax (ver p. 88) pode funcionar; de fato, ambos compartilham algo da mesma funcionalidade e princípios de elaboração. O DSpace é uma tentativa de criar a biblioteca digital de amanhã com as melhores práticas atuais das redes digitais.

Imagine um sistema em que você poderá guardar qualquer espécie de mídia e conteúdo – vídeos, fotos, diários, *hiperlinks*, livros escaneados, textos digitais, testes *on-line*. Imagine algo que permita a você enviar todos esses itens para um sistema fácil de usar e que dê suporte a padrões ainda não vistos em *softwares* livres! Tal sistema deixaria você reutilizar seu material em diferentes cursos, apresentações, livros, manuais e entrevistas sem ter de duplicá-los várias vezes. Basta que você passe o endereço de seus arquivos a alguém, e essa pessoa poderá procurar, por meio de palavras-chave, o material desejado.

Nas próximas décadas, será cada vez mais importante para os usuários ter controle sobre sua informação e sobre os recursos de que dispõem com a mesma velocidade e facilidade de uso com que se pode buscar alguma coisa na internet. Quando você acaba de escrever um trabalho, quer catalogá-lo *on-line* em sua própria biblioteca, com a possibilidade de encontrá-lo depois com facilidade. Preferencialmente, você não quer que o sistema faça distinção entre um arquivo de Word, Acrobat ou PowerPoint. Você também não quer ter de fazer seis cópias do mesmo artigo no sistema só porque usa o artigo para seis disciplinas diferentes que leciona. Na sua opinião, o sistema deve estar *on-line* para que você, e aqueles que você autorize, possam acessar os documentos de qualquer lugar. Na verdade, você talvez até esteja pensando em não mais proibir o acesso a seu material a ninguém.

3

ENTENDENDO O CAOS

"A melhor coisa a respeito dos melhores jogos é que eles levam a garotada a uma aprendizagem muito intensa."

Seymour Papert

Como interpretar o uso que as crianças fazem da tecnologia? Será que seu comportamento aparentemente caótico de zapear de um canal para outro e de navegar na internet é perda de tempo? Assistir à televisão e jogar no computador pode ser útil? Ou os benefícios de jogar no computador ou navegar na internet simplesmente se reduzem ao desenvolvimento de uma boa coordenação entre o olhar e o movimento das mãos? No que diz respeito a essa habilidade, parece que os jovens cirurgiões que jogaram no computador durante sua infância têm um melhor desempenho em cirurgias do que os que não jogaram (Rosser, 2004). É claro que se pode argumentar que apenas uma pequena parcela de nossa força de trabalho atuará na profissão de cirurgião, e que, assim, as vantagens de uma coordenação bem-desenvolvida se aplicaria somente a um número restrito de profissões. Então, como a tecnologia poderia ajudar a maioria das pessoas a tirar vantagem dos usos da própria tecnologia? Até que ponto a tecnologia pode ajudar as crianças a se tornarem melhores aprendizes?

Em uma manhã de sábado, por volta das 10h, um grupo de 10 amigos (entre 14 e 27 anos) reúne-se em minha casa para uma festa LAN que durará 31 horas. A festa LAN é um encontro de crianças e adultos em que se joga no computador sem dormir, a não ser que você se sinta tão cansado que precise cochilar no sofá por uma ou duas horas. A maior parte dos jogadores é composta por meninos – as garotas são definitivamente minoria; apenas duas participarão. O grupo é formado por indivíduos que têm habilidades diferentes, variando do nível médio até o universitário. Os participantes organizaram a festa com antecipação e as tarefas foram divididas, o que garante que haverá um computador atuando como servidor e que todos trarão seu próprio computador ou *laptop*.

De maneira colaborativa, os jogadores arranjam mesas e cadeiras para que os computadores sejam colocados de maneira que se possa acomodar o número máximo de máquinas por metro quadrado. Em uma hora, a intranet está funcionando, a maior parte dos sistemas está conectada e todos os jogos a serem utilizados estão instalados e configurados para a intranet. Percebi que a criança mais jovem fez todo o trabalho técnico; os jogadores mais velhos apenas plugaram seus computadores na intranet. Também percebi que o nível escolar não parece ser relevante para a organização da rede. Os alunos que estão no nível mais baixo do ensino profissionalizante parecem liderar aqui. Houve uma discussão sobre qual jogo se deveria jogar. Neste final de semana, o jogo principal será o Counter Strike, em que se pode jogar contra o computador, contra outras pessoas ou, com um amigo, contra outros. Todas essas possibilidades serão testadas. É um fator relevante poder jogar com um de seus amigos contra outros dois. Mas é ainda mais empolgante competir com o computador e jogar contra ele de maneira colaborativa. Eles começam a jogar por volta do meio-dia. Surpreendentemente, na maior parte do tempo não há música tocando.

Embora todo jogador use fones de ouvido, na maior parte do tempo eles parecem estar discutindo táticas, dando conselhos sobre como lidar com um problema ou apenas divertindo-se com seus acertos e erros. Há, porém, longas horas sem barulho algum – em que as crianças concentram-se no jogo como se suas vidas dependessem dele. A alimentação é composta principalmente por Coca-cola e batata frita. Às 6h da manhã, alguns amigos que vêm de uma festa chegam ao local e assumem o lugar daqueles que estiverem cansados. Depois de uma hora ou duas jogando, eles bebem alguma coisa e vão embora. A festa LAN vai até as 17h. O ritmo começa a diminuir, e a maior parte das crianças fala sobre seus resultados. Alguns jogadores, incansáveis, ainda tentam chegar ao próximo nível, mas eu me sinto feliz em poder finalmente dormir.

Comparado às festas LAN, é muito mais relaxante assistir a pequenos trechos de vários programas de televisão quando as crianças estão zapeando. Enquanto minha atividade na festa LAN foi mais de um observador participativo, o papel que tive enquanto assistia à televisão com as crianças foi mais de observador. Muitas vezes, quando as crianças trocavam de canal, eu perguntava por quê. Na maior parte das vezes, suas respostas eram curtas, e demorou um pouco para que eu pudesse descobrir um padrão no seu comportamento ao zapear.

Observando o comportamento das crianças e falando com elas com frequência, descobri que elas não agem sem um propósito ou simplesmente para se divertir. Talvez a mais importante mudança que fiz no que diz respeito ao modo como entendo as crianças tenha vindo dos jogos de computador e da troca constante dos canais de TV. Ao interagir com a tecnologia da mesma forma que as crianças fazem, mudei meu ponto de vista a respeito do que se pode aprender com os jogos de computador, telefones celulares, MSN e da troca frequente de canais. Passei a entender o que autores como James Paul Gee, Sherry Turkle, Wolf e Parron, Goodson e Lankshear, Oblinger e Oblinger e muitos outros pesquisadores têm tentado demonstrar sobre as relações entre jogar e aprender e o papel da tecnologia na vida das crianças. Com base em minhas observações, discerni uma variedade de habilidades que as crianças desenvolvem por meio do uso da tecnologia e é minha opinião que essas habilidades também estão relacionadas à aprendizagem. Eu as descreverei a seguir.

HABILIDADES ICÔNICAS

As crianças navegam intensivamente pela internet e foram apresentadas a um mundo de multimídia em que toda tela que veem é colorida, tem imagens múltiplas, em geral com som e movimento, tais como os ícones piscantes, e, é claro, textos. Os textos são em geral curtos porque as páginas da *web* não são configuradas para leituras longas. As palavras em geral são sublinhadas, oferecendo *links*, conhecidos como *hiperlinks*, para páginas importantes ou para outras janelas que se abrirão. As estratégias para encontrar informação nesse mundo da multimídia diferem do modo como você foi ensinado a buscar informações. Procurar informações juntamente com as crianças ensinou-me que, na maior parte das vezes, eu era mais lento do que elas.

A diferença entre elas e eu é que, quando olho para uma página da internet, meus olhos automaticamente buscam encontrar informações como se estivesse lendo. Meus olhos tendem a olhar primeiro para o canto esquerdo superior da tela e a procurar palavras que me ajudem a encontrar um caminho de leitura. Meu comportamento se explica facilmente porque, durante décadas, fui treinado para ler textos impressos que consistiam de apenas duas cores, como este livro! Também descobri que minha segunda estratégia para escanear textos é semelhante ao modo como leio manchetes de jornal. Às vezes essa estratégia funciona, mas ignora cores, ícones, figuras, movimentos e sons, tudo o que é onipresente nas páginas da internet.

A consequência é que minha geração é muito mais centrada em caracteres semânticos. As crianças procedem de maneira diferente ao clicar e navegar na internet. Elas incorporam os símbolos e ícones que veem na tela à sua busca de informação. Passaram a conhecer o significado de uma série de ícones, reconhecíveis em ambientes diferentes e que rapidamente lhes dizem onde ir. Elas aprenderam que os ícones e símbolos contêm valor de informação e que também as cores têm significado. Uma determinada cor tem significado informacional, sendo uma ferramenta adequada para reconhecer ou categorizar informações.

A minha geração cresceu apenas com os caracteres em preto e branco, em uma época em que as cores eram utilizadas para ornamentar e ilustrar. O *Homo zappiens* aprendeu a usar muito mais sinais para buscar informação do que apenas os caracteres, e em um futuro multimídia será obrigatório lidar com essa informação icônica juntamente com os símbolos textuais.

Como a informação continuará a crescer exponencialmente no século em que estamos, as crianças de hoje precisam ter a capacidade de lidar com imensas quantidades de informação, com a capacidade de procurar e selecionar rapidamente o que precisam. Se não for assim, elas correm o risco de ficar sobrecarregadas e de não ter tempo para ir até o detalhe de buscar informações que devam primeiramente ser estudadas e refletidas em maior profundidade. Os pais às vezes se preocupam com o modo pelo qual as crianças navegam pela internet, baixando arquivos, copiando e postando informação sem aparentemente se perguntarem sobre a confiabilidade da informação, e, consequentemente, os pais se preocupam também com o fato de o conhecimento adquirido ser superficial. Mas, em uma época em que reclamam sobre a sobrecarga de informação, os mais velhos demonstram também o quanto não sabem lidar com a riqueza da informação.

A sobrecarga de informação é algo típico das gerações mais velhas. O *Homo zappiens* jamais reclama desse fenômeno. Na verdade, dispor de uma vasta quantidade de recursos disponíveis é um pré-requisito para aprender como selecionar e como conhecer qual informação é confiável. É claro que as crianças podem aceitar alguma informação da internet que, na visão de seus pais, não tenha valor algum. Mas gostaríamos que nossas crianças selecionassem informações usando apenas fontes já verificadas? Será que as ajudamos ao oferecermos livros didáticos, jornais ou revistas que julgamos de confiança? Embora pensemos que essas fontes de informação sejam de confiança, não as estamos ensinando a habilidade de selecionar e encontrar informações confiáveis.

Além disso, devemos reconhecer que os jornais, as notícias de televisão e os livros didáticos nem sempre apresentam informações confiáveis.

Blog, uma coluna *on-line*, com interatividade e multimídia

"*Blogar*" está se tornando algo cada vez mais comum entre os usuários da internet. O que antes era apenas um *site* pessoal, que lhe proporcionava um cantinho na internet, tornou-se agora um "*weblog*" ou "*blog*". Trata-se de um *site* pessoal, com *links* para outros *sites*, oferecendo vídeo, áudio, fotos, *podcasts* e artigos pessoais, juntamente com um espaço para fórum ou comentários sobre a maior parte dos itens do blog. É como um diário pessoal que pode ser lido e comentado por todos, embora o autor possa vetar comentários.

Além de diários, os *blogs* são também usados, por exemplo, para os fatos que ocorrem no mundo, discutindo assuntos específicos, jornalismo em geral e para expandir *sites* existentes. A nova geração de usuários usa cada vez mais a internet para formar comunidades e redes nas quais discutem qualquer coisa. Eles dependem dessas comunidades, que fornecem informações relevantes, e usam tais comunidades para tornar suas ideias públicas, para a discussão e reconsiderações entre pessoas, e também como retorno para informação relevante.

Considere uma comunidade de pessoas interessadas em aprendizagem. Elas podem se organizar ao redor de alguns poucos *blogs*. Toda semana, alguns especialistas altamente considerados por essa comunidade escrevem para os *blogs* comunitários, a partir dos quais as pessoas comentam e acrescentam suas próprias visões ou *links* para outros materiais interessantes. É como compartilhar suas visões cotidianas sobre o mundo com seus colegas acadêmicos e depois discuti-las enquanto se toma um café.

O que a nova geração dos usuários da internet está entendendo é que se precisa participar de redes e tanto dar quanto receber para manter redes

(*continua*)

(*continuação*)

benéficas para gerar conhecimento, digerindo informações e negociando valores. Esses novos usuários imergem no mundo eletrônico integralmente, criando sua identidade *on-line*, de modo que os "eus" virtuais se misturem e espelhem sua *persona* da vida real. Por que temer o mundo quando se pode mergulhar nele, participar dele e aproveitá-lo?

Se você quiser criar seu próprio *blog*, é fácil fazê-lo. Basta escolher um dos muitos *sites* que oferecem um espaço gratuito, em geral pago por *banners* que serão exibidos em seu *blog*, para você publicar suas informações. Outra hipótese, que requer mais conhecimento de *software*, é a de fazer o *download* de *templates* e criar seu próprio *blog* em um espaço alugado na internet em geral oferecido pelo seu ISP (provedor de serviços da internet) como parte da assinatura mensal.

Outra alternativa é buscar um *blog* cujo assunto seja de seu interesse e encontrar uma (pequena) comunidade que se dedique à discussão sobre as pessoas, itens ou temas de seu interesse. Faça algum comentário e entre em uma conversa, possivelmente ao vivo, com o(s) autor(es) do *blog*. Não é mais necessário ler um livro e aprender ideias que já podem estar ultrapassadas desde a época em que foi impresso. Os *blogs* são como novos livros, contendo o número do celular do autor, com um "ligue-me" ao final do texto.

Os livros de história de qualquer país são um exemplo de como a história pode ser distorcida por interesses nacionais ou locais, convicções e valores culturais. Será que temos de formar nossa opinião sobre questões políticas apenas assistindo a um canal de televisão? Um dos maiores benefícios da tecnologia foi o de que a informação não é mais uma mercadoria rara. Está disponível para quase todas as pessoas em qualquer lugar do mundo e, mais importante, ao mesmo tempo.

É por isso que devemos redefinir o conceito de sobrecarga de informação como riqueza de informação e abraçá-la e celebrá-la em vez de reclamar dela. Se as crianças parecem lidar de maneira superficial com as informações que encontram na internet, devemos perceber que a maior parte do tempo elas coletam informações para suas tarefas escolares. Pelo fato de, para a maior parte das crianças, a tarefa de casa ser muito chata por ser compulsória e, portanto, não fazer com que se sintam envolvidas, é compreensível que elas não gostem muito de determinar a confiabilidade da informação que encontram. Por isso, buscarão qualquer informação que seja fácil de encontrar e que atenda aos critérios mínimos de satisfação do professor. Contudo, basta assistir a elas atuando em um fórum em que precisem encontrar um código para jogar Black & White, para ver como elas se dedicam a buscar a informação certa e necessária, aprendendo rapidamente a distinguir quem é ou não confiável.

A questão da confiabilidade da informação é uma preocupação bastante antiga na busca e na produção de informações. No passado, as bibliotecas e os procedimentos científicos de referência garantiam que o conhecimento se desenvolvesse e fosse compartilhado entre a comunidade. Ao contrário, a informação na internet é caótica e qualquer pessoa pode escrever qualquer coisa *on-line*. Essa situação durou até que processos similares de certificação surgissem por meio de *e-zines*, e novos mecanismos de busca, tais como o Google Scholar, fossem criados. O problema da confiabilidade das fontes da internet é uma questão temporária. O que permanecerá do caos da internet é que nossas crianças aprenderão que a informação é abundante e que vem de muitas fontes diferentes, mesmo das não-confiáveis.

A grande questão não é a confiabilidade, mas a habilidade de lidar com grandes quantidades de informação e de estratégias sobre como encontrar a informação de que você precisa de maneira mais eficaz e mais eficiente. Devemos reconhecer que para as gerações futuras essas habilidades não poderão ser treinadas nas bibliotecas tradicionais. Temos de estimular essas gerações a usar as fontes digitais sobretudo para a busca de informação. Não é provável que, ao final deste século, a informação, seja ela de orientação científica ou não, esteja disponível sob a forma impressa. Vivemos em uma era de rupturas, em que o mundo analógico está mudando para um digital. Isso exige novas estratégias para lidar com a informação, e o *Homo zappiens* parece desenvolver tais estratégias com base no modo pelo qual ele conhece a informação, que são as telas cheias de cores e a multimídia interativa.

EXECUTAR MÚLTIPLAS TAREFAS

Se você foi criado em uma época analógica, seus pais provavelmente ensinaram-lhe que fazer uma coisa de cada vez era fundamental para o sucesso. Contraponho-me aos pais que ainda tentam impor essa regra aos seus filhos, pois a maior parte das crianças responderá com um sorriso gentil e continuará a fazer exatamente o contrário do que lhe pedem. Ouvir música é algo importante no estilo de vida do *Homo zappiens*. A maior parte das crianças faz sua tarefa de casa ouvindo suas músicas favoritas, usando a listagem de músicas que salvaram em seu computador ou mp3. E os alunos que estão no ensino superior caminham pela faculdade ou trabalham em seus computadores sem deixar de ouvir música, usando seus iPods ou aparelhos de mp3. É comum encontrar alunos em uma faculdade de formação de professores realizando múltiplas tarefas ao mesmo tempo, navegando na internet, ouvindo sua música com apenas um dos fones e comunicando-se com um colega ao mesmo tempo. Trata-se de um fenômeno muito comum que também pode ser observado no transporte público. As crianças conversam, enviam torpedos para os amigos em seu telefone celular e ao mesmo tempo escutam música em seu mp3. Isso também acontece quando o *Homo zappiens* usa o MSN.

A Microsoft[1] constatou que as crianças se comunicam com outras 10 crianças ao mesmo tempo no MSN e que, pelo jeito, gostam de fazê-lo. Quando entrevistamos crianças sobre esse comportamento, suas respostas refletem sua capacidade de prestar atenção a várias fontes de informação ao mesmo tempo e com diferentes níveis de atenção. Elas são capazes de aumentar ou diminuir seu nível de atenção de acordo com a fonte de informação, sem silenciar inteiramente outra e mantendo um nível básico de contato com cada uma delas. Elas imediatamente aumentam sua atenção quando uma fonte de informação lhes oferece algum indicador relevante, e diminuem a atenção quando acham adequado se voltar a outra fonte.

Essa maneira de lidar com a informação é muito mais intensa do que ouvir uma fonte de informação por vez. As gerações anteriores podem considerar o fato exaustivo, ou que realizar múltiplas tarefas ao mesmo tempo é algo que afronta a qualidade, mas o *Homo zappiens* parece ter aprendido a exercitar essa estratégia de aumentar e diminuir seu nível de atenção, passando de uma fonte a outra. O *Homo zappiens* tem uma experiência que as outras gerações não têm. Devemos estar conscientes disso quando dizemos que o *Homo zappiens* é superficial. Não estamos projetando nossas próprias limitações sobre nossos filhos, no que diz respeito à capacidade de processar informações, quando dizemos que realizar várias tarefas ao mesmo tempo é algo inútil e mesmo contraproducente para a aquisição do conhecimento? Ou nosso ceticismo em relação às multiplas tarefas inspira-se em nossa convicção de que a qualidade do trabalho de aprendizagem só pode ser alcançada por meio da leitura silenciosa de livros e pela tentativa de interpretar e lembrar o ponto de vista do autor?

Tentemos considerar essas tarefas por outro ângulo. Adotando um ponto de vista positivo sobre a questão, poderíamos defender a hipótese de que lidar com várias fontes de informação ao mesmo tempo é uma habilidade valiosa quando se tem de lidar com uma grande quantidade de

---

[1] Dado obtido de uma apresentação em PowerPoint realizada pela Microsoft na Conferência da EPN, Haia, 2004.

informação. Além disso, sabemos que muitas informações, no futuro, serão *on-line* e interativas. Realizar múltiplas tarefas ao mesmo tempo é uma estratégia altamente eficaz para processar vários canais de informação de uma vez. Isso dá aos indivíduos a capacidade de processar informação três ou até quatro vezes mais rápido. Processar mais informações, contudo, é apenas uma parte da capacidade inerente a saber realizar várias atividades ao mesmo tempo. Outra, e mais importante, parte dessa habilidade é a capacidade de saber lidar com diferentes níveis de atenção simultaneamente e reconhecer sinais de que há a necessidade de destinar maior atenção a uma determinada fonte em um determinado momento. Ao praticar essa habilidade das múltiplas tarefas em situações divertidas, tais como conversar com os amigos e ouvir música ao mesmo tempo, podemos ver que o *Homo zappiens* adquire estratégias para lidar com tarefas múltiplas em geral.

Pode-se questionar se essa habilidade é importante para a aprendizagem. Não é preciso dizer que o *Homo zappiens* terá empregos em que tal habilidade será necessária. Pelo fato de o conhecimento ter se tornado uma ferramenta crucial para nossas economias e pelo fato de os empregados terem se tornado pessoas que estão sempre aprendendo no local de trabalho, não mais podemos sustentar a tese de que as multitarefas sejam uma estratégia errada. Os empregados do futuro terão de saber como responder a vários *inputs* de informação, perguntas orais, *e-mails*, chamadas de telefone, mensagens RSS e a outras tecnologias e fontes de informação, simultaneamente. O sucesso em seu trabalho dependerá de sua capacidade de tomar decisões sobre uma variedade de *inputs* simultâneos, em que é impossível saber tudo. A arte dos trabalhadores do conhecimento do futuro será tomar a decisão certa em situação de conhecimento incompleto acerca de todos os aspectos do problema.

Executar multiplas tarefas é uma habilidade que ajuda o *Homo zappiens* a processar vários *inputs* de informação e a valorizar determinados *inputs* como mais importantes do que outros. A consequência é que as multitarefas são uma habilidade fundamental para a aprendizagem porque permitem que os alunos concentrem-se no que é importante, em qualquer momento dado, pela capacidade de gerenciar múltiplos níveis de atenção. Se esse raciocínio tem sentido, podemos então desenvolvê-lo ainda mais. Imagine uma criança que vem para uma sala de aula em que o professor é a única fonte de informação. Da perspectiva da criança, essa sala de aula é um ambiente em que as informações são extremamente pobres. Só há uma fonte de informação a ouvir e, além disso, essa fonte de informação é de caráter obrigatório. A criança não está no controle do fluxo de informação, o que, como vimos no Capítulo 2, é uma condição quase que natural para o *Homo zappiens*. O ensino tradicional de sala de aula restringe de maneira muito forte o número de fontes de informação e de tarefas, mantendo as crianças fora do controle de que informação ou tarefa deve ser escolhida – um método de ensino que é altamente artificial para o *Homo zappiens* e, como consequência, contraproducente para a aprendizagem.

ZAPEAR

Desde os anos de 1950, assistir à televisão tornou-se uma atividade comum nas casas do mundo ocidental. A introdução dessa tecnologia foi impressionante, mas causou preocupações. Havia pessoas que pensavam que ela destruiria a vida familiar e teria tremendas consequências sobre as estruturas sociais, idiotizando populações inteiras pela redução da capacidade do pensamento crítico. E embora algumas dessas preocupações tenham parecido bem-fundamentadas, as telas das televisões aumentaram, ficaram mais planas e o número de canais aumentou muito. Com uma antena parabólica é possível assistir e ouvir mais de mil canais de televisão e estações de rádio. Felizmente, a maior parte dos canais não é transmitida em sua língua nativa, o que torna difícil assisti-los. Mas a escolha é quase ilimitada e a possibilidade de assistir canais de Dubai ou do Marrocos nos dá oportunidade de fazer observações antropológicas e culturais sem que saiamos de casa.

Com tal possibilidade de escolha de canais de televisão, as crianças hoje passaram a entender os fluxos de informação de uma maneira bastante diferente das gerações anteriores. Sua escolha de informação é "livre" e pode, de maneira muito similar ao que fazem em casa com suas tarefas escolares, controlar vários canais de informação de uma vez só. Assistir à televisão, para eles, é uma maneira especial de executar tarefas múltiplas. É ainda mais intrigante o modo pelo qual eles zapeiam, assistindo quatro ou cinco canais simultaneamente. Deve-se dizer que zapear é uma atividade bastante avessa ao social, pois só se pode fazê-la sozinho. Dito isso, zapear parece ser mais uma estratégia para evitar o tédio. Zapear exige um bom conhecimento de formatos ou estruturas mais ou menos padronizadas de fluxos de informação audiovisuais.

Os documentários têm estruturas diferentes dos filmes ou das novelas. Cada audiovisual tem um formato específico que o *Homo zappiens* parece conhecer melhor do que as gerações anteriores. *O Homo zappiens* é capaz de reconhecer situações em filmes, documentários e outros programas de televisão que são aparentemente pouco relevantes para entender o núcleo da mensagem ou o fluxo dos eventos. Eles assistem à televisão há tanto tempo que passaram a entender como os criadores de filmes fazem

StudentLab, uma abordagem para compartilhar o conhecimento com futuros estudantes

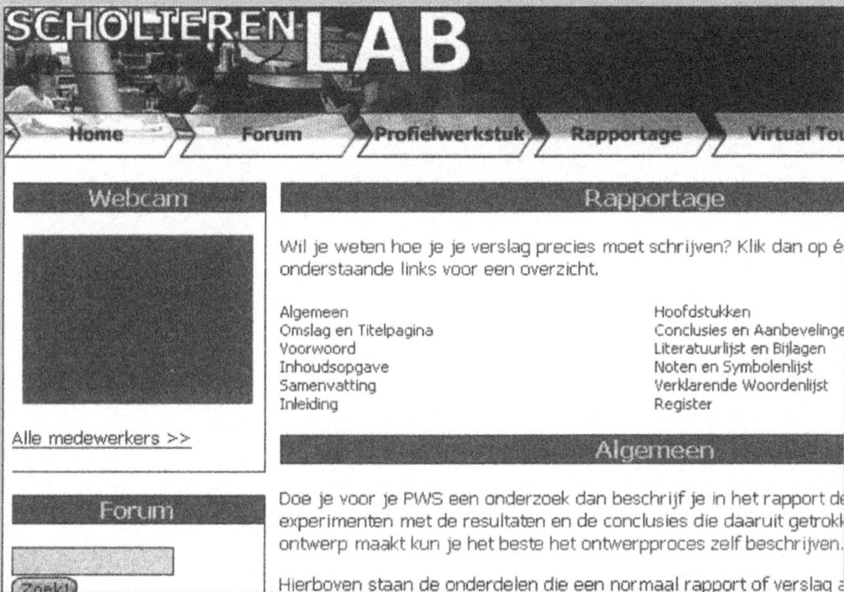

O StudentLab ("*scholierenlab*") é um serviço *on-line* oferecido pela Universidade de Tecnologia de Delft, para ajudar os alunos das últimas duas séries do ensino médio holandês. Esses alunos precisam fazer um projeto de pesquisa voltado a um assunto ou questão relacionada a seu tema de interesse, tal como a área de ciências. O StudentLab apoia qualquer aluno do ensino médio que esteja precisando de ajuda para fazer sua pesquisa, definindo questões relevantes de pesquisa e respondendo a questões que exijam alto nível de conhecimento sobre o tema.

Os alunos podem, enquanto pesquisam na internet, encontrar dificuldades para encontrar os recursos adequados ou, quando os encontram, ter dificuldade para entender textos e informações que em geral estão em nível acadêmico. Como meio de oferecer um conhecimento qualificado, o StudentLab dispõe de um portal para os alunos da educação do ensino médio chegarem até ao especialista adequado na Universidade de Tecnologia de Delft. É também um meio excelente para compartilhar a pesquisa científica: toda vez que se começa algum experimento que possa ser do interesse dos alunos, eles são anunciados no StudentLab. Os alunos podem então entrar em contato com os pesquisadores e fazer visitas reais e ter uma primeira experiência concreta.

(*continua*)

(*continuação*)

Trabalham no *site* do StudentLab de cinco a 10 estudantes da Universidade de Tecnologia de Delft, que monitoram o fórum e respondem a perguntas, além de manter uma lista de *links* para recursos *on-line* em várias disciplinas científicas. Os recursos e o fórum são agrupados de acordo com as disciplinas do ensino médio com tópicos tais como biologia, física, química, geografia, informática, matemática e estudos gerais. Toda vez que são apresentadas questões que os administradores do fórum não conseguem responder, eles buscam o professor adequado para ajudá-los. Uma vez obtida a resposta, eles dão o retorno eletrônico a quem fez a pergunta, tendo eles próprios aprendido durante esse processo.

Na verdade, o sistema é uma relação professor-aluno em cascata, na qual os alunos mais experientes da Universidade de Tecnologia de Delft oferecem respostas a seus colegas mais jovens que ainda cursam o ensino médio, com o auxílio dos professores da Universidade quando necessário. O sistema também ajuda a elevar o nível dos trabalhos, pois os alunos que fazem uso dele são mais capazes de lidar com temas mais complexos. Por último, o StudentLab oferece uma promoção gratuita para a Universidade de Tecnologia de Delft, como lugar em que o conhecimento é criado e compartilhado: um bom lugar para os alunos que pretendam realizar um curso técnico superior, na graduação ou no mestrado, depois de terminarem o ensino médio.

seus filmes e como os documentaristas fazem seus documentários. Em especial, eles entendem que os diretores passam sua mensagem por meio de imagens – que a mensagem são as imagens. Os pais, em sua maioria, pensam que a mensagem está no texto falado pelos atores, explicando a mensagem por meio da conversação. Mas os filmes são comunicação visual e o *Homo zappiens* sabe disso muito bem.

É por isso que são capazes de zapear de um canal a outro em momentos em que esperam que o diretor do filme não comunicará mensagens importantes. É zapeando que o *Homo zappiens* consegue assistir a apenas pequenos pedaços de diferentes fluxos de informação e, ainda assim, não perder nada importante. A consequência é que ele sabe processar informação descontínua e fazer um resumo conciso dos vários canais a que assiste.

A principal questão aqui é que zapear é a habilidade que determina os núcleos essenciais de informação pertencentes a um fluxo de informação e, com base em tais núcleos, constrói um todo de conhecimento significativo.

Saber zapear leva as crianças a processar três ou mais vezes informação em uma hora do que um adulto. O modo como elas assistem à televisão é um processo ativo de busca por indicadores e pontos importantes mais do que deixar-se levar pelo fluxo de eventos, conversas e sequências de imagens. Essa habilidade tornou-se tão natural para elas que também a aplicam em suas próprias comunicações nas salas de bate-papo e no MSN. Mesmo em suas conversas elas usam a linguagem das mensagens SMS ou do MSN. Pode-se notar que as crianças ficam impacientes enquanto ouvem você dar uma resposta às suas perguntas: "Por favor, vá direto ao assunto, está demorando demais". Para o *Homo zappiens,* os professores são extremamente lentos em suas explicações e em suas respostas, desejando explicar tudo em detalhes.

Talvez você considere o comportamento do *Homo zappiens* extremamente superficial. O conhecimento e o conhecimento especializado não estão no detalhe? Pode ser, mas o *Homo zappiens* parece pensar em estruturas de conceitos e na inter-relação dos conceitos. É isso o que a televisão ensinou-lhes a fazer e que os ajudou a lidar com a sobrecarga de informação. A grande atividade de processamento de informação nos ambientes ricos em informação é a de buscar primeiro por estruturas conceituais, entender o quadro geral, ter uma visão de todo. Os detalhes vêm depois. Em tais circunstâncias, não é ser superficial não se concentrar nos detalhes, pelo contrário, é fundamental não focar os detalhes para evitar perder-se na riqueza proporcionada pelas informações disponíveis. Assim, con-

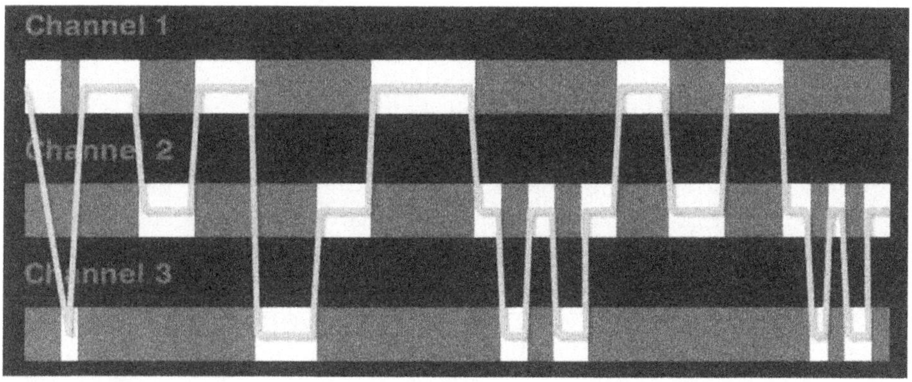

Figura 3.1
Troca constante de canais, absorção de informação descontínua.

centrar-se nos detalhes é uma estratégia inadequada para lidar com a sobrecarga de informação. Devemos saber que o *Homo zappiens* não é tão diferente das gerações anteriores. Buscar informações nos jornais por meio apenas da leitura das manchetes é uma estratégia de leitura bastante conhecida para se ter um quadro geral das últimas notícias, especialmente se o tempo for curto.

Na verdade, zapear não é um fenômeno novo, pois temos de usar estratégias para criar ordem e classificações quando as informações são abundantes. Além disso, notamos que muitos pais adotaram essa estratégia de zapear enquanto assistem à televisão. Contudo, eles não estão tomando decisões similares às de seus filhos quando fazem isso. Os pais nunca aprenderam a extrair informações de imagens ou de sequências de vídeos, tendo sido treinados para entender principalmente textos. É por isso que presumimos que o zapear dos pais se relaciona mais ao tédio causado por um determinado programa do que à busca que leva à intensificação do processamento de informação. Na verdade, processar três ou quatro canais simultaneamente exige uma ação intensa e implica mais trabalho cerebral do que assistir a um canal apenas e deixar-se imergir em só um programa.

O *Homo zappiens*, na maior parte das vezes, não se restringe a assistir à televisão passivamente; as crianças entediam-se quando a informação é pobre ou quando é muito lenta. Se esse ponto de vista é válido, podemos também dizer que as crianças hoje querem respostas rápidas para as suas perguntas. Elas estão acostumadas a atividades intensas e múltiplas de processamento de informação. Para elas, sua resposta é apenas um fluxo de informação, com o qual se lida como se fosse uma parte de um programa de televisão. O *Homo zappiens* está buscando significados, buscando pelo núcleo da mensagem. Uma vez obtida, ele pode simplesmente passar a outro assunto. Pode-se também experimentar por outro ângulo o modo pelo qual ele processa informação. Ao fazer-lhe uma pergunta, ele responde do mesmo modo que gostaria que você respondesse a ele: em poucas palavras e direto ao ponto. Pode-se também notar que é necessário concentrar-se muito quando se ouve o que se diz, pois toda palavra parece ter importância. Não há chance de relaxar, você tem de se concentrar!

Para concluir, podemos dizer que zapear os canais de televisão é a capacidade de processar informações audiovisuais descontínuas e de construir um todo significativo de conhecimento a partir disso. Como no futuro os fluxos de informação dependerão cada vez mais de materiais audiovisuais, esse processamento de informação parece ser crucial para a vida e o trabalho.

COMPORTAMENTO NÃO-LINEAR

Quando eu era criança, aprendi a ler livros começando pelo início e indo até o fim. Essa habilidade tornou-se algo natural que continuei a aplicá-la até chegar à universidade. Como o número de páginas que tinha de ler aumentava de maneira constante, tive de desaprender minha maneira linear de ler. Buscar informações relevantes nos textos foi a grande estratégia que tive de desenvolver para ter controle do número cada vez maior de publicações de minha área de estudos. Não obstante, os textos ainda eram minha principal fonte de informação e seus formatos eram altamente lineares: introdução, apresentação do problema e perguntas inerentes à pesquisa, metodologia, coleta e análise de dados, resultados e conclusões. Uma vez conhecidos os diferentes formatos dos livros e artigos científicos, pode-se pular alguma parte da publicação e ir diretamente aos parágrafos de seu interesse. Na verdade, as gerações anteriores de acadêmicos desenvolveram, dessa forma, estratégias para lidar com a sobrecarga de informação.

O *Homo zappiens* também desenvolveu estratégias para fazer o mesmo, mas em um momento anterior a entrar na universidade, e com recursos diferentes e não-lineares. Assim, as estratégias também diferem pelo fato de a informação não ser mais exclusivamente analógica e sob forma escrita. Muitas fontes de informação hoje são digitais e/ou multimídia. Se a informação for centrada apenas no texto poderá ainda assim ser manipulada de maneira diferente do que se estivesse apenas sob a forma impressa. Todos os meus alunos usam "CTRL+F" para encontrar artigos científicos, e suas estratégias estão centradas em palavras-chave. Rapidamente, podem buscar grandes quantidades de recursos utilizando essa abordagem e, tendo selecionado artigos relevantes, podem analisá-los, usando o mesmo comando "CTRL+F", usando palavras-chave detalhadas.

Os alunos só leem aqueles parágrafos que parecem mais adequados e aqueles que fazem sentido em comparação a todas as outras informações a que têm acesso. Como poderíamos descrever essa habilidade? Na verdade, essa habilidade consiste em várias sub-habilidades. A primeira é a de definir uma questão de busca – qual é meu objetivo ao buscar esses recursos? Como esse objetivo se relaciona ao que eu tenho de apresentar ou realizar? Essa habilidade ou, até mesmo, atitude, é fundamental. Ela se relaciona a uma abordagem de aprendizagem ativa e crítica. Ela ajuda os alunos a não submergirem na argumentação do autor e a limitar a aprendizagem ao nível da compreensão do que os outros criaram.

Netvibes, sua janela pessoal e *on-line* na internet

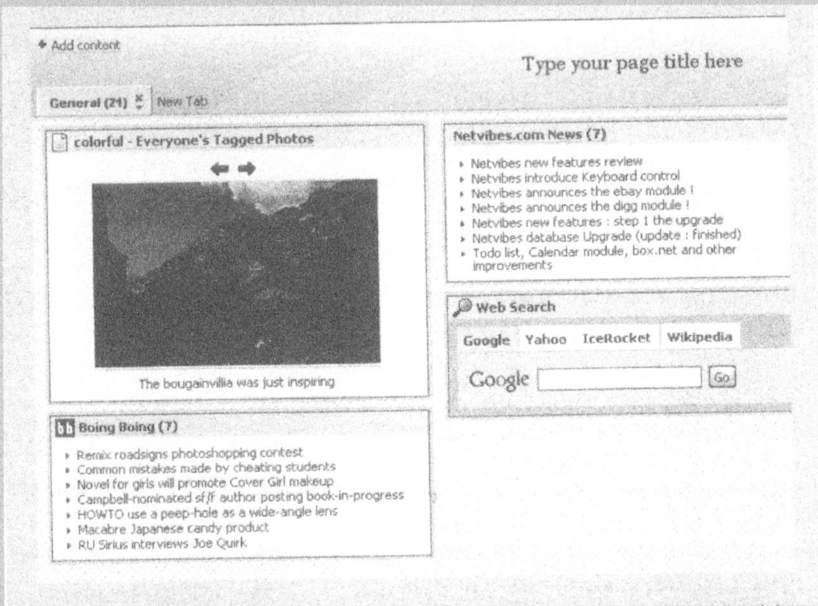

Em essência, o Netvibes nada mais é do que um portal que pode ser personalizado, um *site* da internet que oferece *links* aos recursos mais importantes do usuário, *on-line* e de acordo com suas próprias preferências. O portal pode conter seus *sites* favoritos, mas também oferece uma funcionalidade para visualizar multimídia *on-line* sem o auxílio de nenhum outro *software*. Muitas das grandes empresas, como Google, Yahoo e Microsoft, oferecem serviços similares. O que torna o Netvibes interessante é que ele está principalmente centrado na "*web* 2.0" e em suas aplicações.

O trecho a seguir foi retirado de um artigo de Tim O'Reilly (2005), e foi parte do *brainstorming* em que se cunhou a expressão "Web 2.0" como nome para o que a internet seria depois da explosão da bolha em 2001. O autor afirma que as empresas 2.0 deveriam incorporar algumas das seguintes características, em que mais quer dizer melhor, mas em que excelência em uma área pode ser preferível a pouca qualidade em muitas.

A filosofia da *web* 2.0 visa a uma mudança de paradigma no desenvolvimento de *software* e dos serviços *on-line*. Enquanto a *web* 1.0 caracterizava-se pela produção de pacotes de *softwares* desenvolvidos, mantidos e gerenciados de maneira centralizada, as aplicações da *web* 2.0 usam fontes abertas e oferecem muito mais controle aos usuários. Os usuários formam redes de conhe-

(*continua*)

(*continuação*)

cimento especializado em que cada um deles pode contribuir para o desenvolvimento de aplicativos. Exemplos disso são o Moodle, o LAMS e o Drupal. Além disso, o foco não está nos aplicativos mas nos serviços. A Wikipédia é um serviço *on-line* bem-conhecido no qual milhares de indivíduos contribuem para um corpo de conhecimento comum e sobre o qual há acordo.

Portanto, a filosofia da *web* 2.0 pode ser caracterizada por estar centrada em:

- serviços, e não em um pacote de *softwares*, com custos eficazes em escala;
- controle sobre fontes singulares de dados e de difícil criação que são enriquecidas cada vez mais pela quantidade de pessoas que as utilizam.
- confiança nos usuários como co-desenvolvedores;
- aproveitamento da inteligência coletiva;
- alavancagem da cauda longa* por meio do autoserviço
- *software* que esteja acima do nível de uma simples ferramenta;
- interfaces leves, modelos de desenvolvimento e modelos de negócios.

De acordo com muitas pessoas, a internet está passando de um repositório de informações controladas para uma rede comunitária, em que a informação é ainda uma mercadoria, mas em que o valor verdadeiro está na confiança, aceitação, comunicação e na inteligência coletiva. As ferramentas descritas em destaque neste livro têm vários aspectos da *web* 2.0, que foi a razão principal por terem sido selecionados como exemplos. Uma versão completa do artigo de Tom O'Reilly sobre web 2.0 pode ser encontrada em www.oreillynet.com/pub/a/oreilly/Tim/news/2005/09/30/what-is-web-20.html.

Embora a iniciativa do Netvibes ainda seja relativamente nova, é interessante notar que o portal está centrado em oferecer o melhor que a internet tem, sem se interessar em primeiro lugar pelo interesse comercial. Isso está de acordo com a teoria das economias de rede em que o valor reside no uso e no apoio oferecido pela rede, isto é, na fatia de mercado.

Além do controle do usuário, o Netvibes oferece a quem usa a internet, um portal que pode ser personalizado e usado como um laptop. Em vez de comprar seu próprio computador o usuário pode usar uma máquina em regime compartilhado com um colega e, ainda assim, ter suas preferências e configurações respeitadas.

---

* N. de R.T. O conceito de cauda longa ou *long tail* se refere, aqui, ao uso feito por Chris Anderson na revista *Wired*, em 2004, onde descreve a estratégia de negócios ou fenômeno da *web*, pelo qual muitos produtos com pequeno volume de vendas, se considerados em conjunto e bem-distribuídos, representam mercados expressivos.

Definir um objetivo claro de aprendizagem é um pré-requisito para aprender em níveis mais elevados. As abordagens não-lineares são dirigidas pela investigação do aprendiz e, como a informação digital é acessível por meio de estratégias que não só a leitura, as abordagens não-lineares fomentam as estratégias de aprendizagem ativas. A segunda sub-habilidade das abordagens de aprendizagem não-lineares é a habilidade de determinar as palavras-chave certas. É impressionante ver como as crianças são competentes em criar palavras-chave que as levam onde querem chegar. Elas têm tanta prática na habilidade de buscar informações voltadas a objetivos específicos que desenvolveram a capacidade de usar uma variedade de palavras-chave para encontrar informações. Se uma palavra-chave não funcionar, tente outras três.

A terceira sub-habilidade das abordagens não-lineares é a mesma que as crianças desenvolvem quando assistem à televisão. Elas aproveitam várias informações diferentes de muitos canais diferentes para construir um conhecimento significativo a partir de todas elas. Assim, essa sub-habilidade é também conhecida das gerações anteriores que faziam o mesmo com a informação textual, tentando construir um novo conhecimento ao escrever novos artigos ou livros. O *Homo zappiens*, porém, aprendeu essa habilidade na vida real, enquanto as gerações anteriores o fizeram no âmbito da educação formal e, em geral, superior. A outra diferença é que o *Homo zappiens* desenvolveu essa habilidade não só em relação à informação textual mas também com os recursos de multimídia, que têm formatos diferentes dos textos impressos. O formato dos audiovisuais, tais como os documentários ou filmes, é bastante diferente do dos textos. E as crianças passaram a entender como interpretar imagens, como vimos anteriormente no parágrafo sobre habilidades icônicas.

Para concluir, podemos ver que o *Homo zappiens* usa habilidades específicas para dominar os fluxos de informação e para aprender por meio da investigação. O aprendiz está no centro no processo de aprendizagem, decidindo quais perguntas e sequências de questões serão definidas e respondidas. A consequência é que o *Homo zappiens* é um aprendiz ativo, que adota uma abordagem não-linear pela qual formula a sequência de perguntas necessárias e eficientes à pesquisa que realiza.

HABILIDADES COLABORATIVAS

Jogar no computador começou como atividade solitária nos anos de 1980. Desde então, os jogos de computador evoluíram para uma atividade comunitária. Muitos jogos populares, tais como World of Warcraft ou Second

Life, têm comunidades na internet em que os jogadores não só podem se comunicar sobre o jogo, mas também comprar e vender itens oferecidos no próprio fórum *on-line* dos jogos. Embora essas atividades comunitárias sejam uma decorrência dos jogos de computador, os jogos em si também contêm muitas atividades de grupo. No jogo World of Warcraft essas comunidades são chamadas confrarias – grupos de jogadores individuais que trabalham juntos para resolver os desafios ou problemas do jogo. Na verdade, o jogo é uma sequência de problemas que se torna mais complexa à medida que o jogador avança para níveis superiores. Quanto mais complexo o problema, mais os jogadores têm de colaborar para resolvê-los. O jogador individual não é capaz de atingir o nível mais alto sem organizar grupos de jogadores para resolver os problemas colaborativamente, tendo às vezes até 40 jogadores a seu lado de uma vez só.

A colaboração é uma estratégia comum de muitos jogos de computador, mesmo em jogos como Counter Strike, que podem parecer violentos para quem está de fora, mas que exigem trabalho de equipe para atingir objetivos. O que as crianças parecem aprender com esses jogos é que a colaboração é uma estratégia viável para suplantar e resolver problemas. Elas aprendem que a competição é outra estratégia e é a situação que determina qual estratégia é a mais eficaz. A colaboração também inclui sub-habilidades, tais como a habilidade da organização. Se um jogador tiver de organizar uma equipe de jogadores para resolver um problema, como se organiza tal equipe? Que habilidades são exigidas e como essas habilidades devem ser combinadas para funcionarem juntas? Portanto, a colaboração demanda liderança, planejamento e habilidades sociais. Essas habilidades sociais relacionam-se a normas e atitudes que se desenvolvem durante o jogo. Por exemplo, quando envolvidos em uma atividade do jogo World of Warcraft, os jogadores não devem abandoná-la antes de o problema ser resolvido. Se o fizerem, será extremamente difícil organizar uma equipe de jogadores no futuro pois a reputação como jogador que abandona os amigos em uma situação difícil se espalhará entre a comunidade e além da sua confraria.

As habilidades sociais também estão envolvidas, pois essas comunidades têm líderes que planejam atividades sociais. Não é incomum que os membros de uma comunidade encontrem-se para jogar, em um determinado tempo e lugar, para tirarem uma foto de si mesmos ou dos personagens que representam na comunidade do jogo. A comunicação é em geral estendida para além da normal conversa da sala de bate-papo do jogo, instalando-se uma ferramenta VoIP, como o Teamspeak. Os jogadores podem falar em tempo real entre si enquanto jogam, discutindo as melhores estratégias e mantendo um contato muito próximo quando ingressam em masmorras perigosas durante o jogo. As confrarias podem consistir de jogadores de diferentes países, que falam uma linguagem comunicativa comum. Como consequência, as crianças estão acostumadas a operar em equipes internacionais. Se você for um jogador fanático de um determinado jogo, seus amigos da internet talvez se tornem muito mais importantes do que seus vizinhos, pelo menos para o mundo do jogo.

Atuar nas comunidades virtuais não é algo novo para o *Homo zappiens*, é parte de sua vida normal. Tanto a vida real quanto a vida virtual são componentes de suas vidas, sem considerar uma menos valiosa ou real do que a outra. De que maneira a aprendizagem é abordada aqui então? Como os recursos de aprendizagem estarão em sua maioria disponíveis *on-line* no futuro, é importante ter as habilidades certas para se comunicar com todos que possam ajudá-lo a ter acesso a tais recursos, discutir seus significados e compartilhar seu próprio conhecimento. Aqui, as habilidades sociais acima mencionadas funcionam perfeitamente bem. A resolução de problemas é também uma habilidade importante para a aprendizagem e para a vida e será provavelmente uma grande habilidade para as pessoas que aprendem durante toda a vida e para os trabalhadores do conhecimento. Tendo desenvolvido habilidades que ajudam a definir e a categorizar problemas e a decidir sobre a estratégia mais adequada a ser utilizada confere aos indivíduos maiores vantagens em sua aprendizagem e nos ambientes de trabalho.

Tentamos aqui fazer algumas conexões entre o comportamento do *Homo zappiens* e a aprendizagem, apresentando algumas das principais habilidades que as crianças parecem desenvolver ao usar as tecnologias de informação e comunicação. Há outras habilidades que foram definidas pelos pesquisadores, tais como Gee, Goodson e colaboradores e Turkle, que merecem consideração. Mas nossa intenção não é exaurir o assunto aqui. Queremos deixar claro que devemos perceber que usar as tecnologias da informação e da comunicação como as crianças fazem pode ajudar nossa educação a ter um melhor desempenho. Os pensadores digitais, como são as nossas crianças, podem fazer muito mais do se espera delas nas escolas. Podemos desafiálas, apresentando-lhes problemas complexos para resolver e dar a elas um amplo controle sobre seus processos de aprendizagem. As crianças gostam de ser desafiadas, pois já passaram por experiência semelhante ao jogar no computador. Elas também gostam de ser desafiadas em tarefas complexas. A abordagem pedagógica tradicional de trabalhar passo a passo não é o que elas gostam de fazer. Elas são não-lineares – o que é mais desafiador. Elas gostam de estar imersas em situações em que não se sabe por onde começar e nem como agir. Gostam de aprendizagem experiencial, como a dos jogos de computador. O que elas não gostam é de uma sala de aula em que não tenham o controle, em que só há um único fluxo de informação e em que não há ninguém com quem se possa trabalhar em conjunto, negociar ou se comunicar (pois os celulares têm de estar sempre desligados!). Esta situação está muito longe de suas experiências cotidianas em casa, quando estão jogando e se comunicando em equipes internacionais.

Na verdade, o *Homo zappiens* está desafiando a educação a explorar suas habilidades e estratégias muito mais do que ela faz hoje. Os jogos de computador podem desempenhar um papel importante nas novas maneiras de explorar a ciência e a humanidade. Os jogos de computador envolvem as crianças na aprendizagem; o jogo faz com que os participantes envolvam-se profundamente em um itinerário de descoberta que os motiva de um modo divertido. A imersão e a motivação são aspectos fundamentais da aprendizagem profunda. Ao entrelaçar o jogo e a aprendizagem, podemos ir ao encontro da fantasia das crianças, o que por si só já é um fator que instiga a criatividade. Afinal de contas, não devemos todos criar uma sociedade criativa? Como é que faremos isso se deixarmos os alunos apenas reproduzirem o que os outros descobriram? Se a educação pudesse ter êxito em combinar o jogo e a aprendizagem, as escolas poderiam se tornar o lugar de encontro para as crianças, que hoje se sentem tão bem nos ambientes virtuais.

Del.icio.us, as Páginas Amarelas da Comunidade da Internet

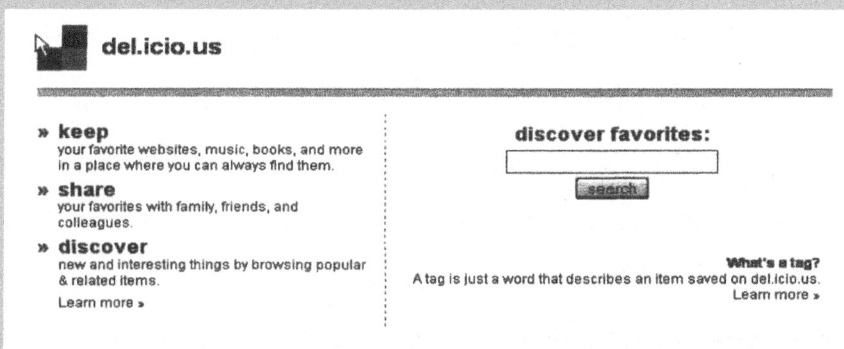

Del.icio.us pode ser descrito como um trabalho colaborativo para a indexação da internet. Qualquer usuário pode elaborar uma lista de seus *sites* favoritos e, depois, compartilhar essa lista com os outros, criando assim um *link* para

(*continua*)

(*continuação*)

uma rede de listas. Dessa forma, um filtro comunitário na internet está crescendo aos poucos, pelo qual, para cada assunto, *sites* favoritos são designados, oferecendo o caminho mais rápido para obter informação. Ao longo da última década, a sobrecarga de informação tem sido uma frase bastante ouvida e o Del.icio.us pode ser uma solução típica da *web* 2.0.

Há bem pouco tempo, talvez não mais do que 10 anos, as pessoas consideravam que aprender decorando era a melhor maneira de melhorar seu conhecimento, suas habilidades ou competências. Se você quisesse ser um bom motorista de táxi ou mensageiro, era necessário passar de um ponto A a um ponto B no menor intervalo de tempo possível. Assim você memorizaria grandes quantidades de mapas, indo de Londres a Paris sem ter de procurar nada nos mapas.

Hoje, a informação muda rapidamente. O melhor caminho de A a B pode mudar semanalmente, devido a reparos nas estradas, por exemplo. A mesma coisa ocorre com a internet. Tornou-se impossível manter-se atualizado em relação a todos os avanços da tecnologia. No momento em que você aprende algo novo, já está desatualizado. Você perceberá que o *Homo zappiens* desenvolveu um sistema eficaz para lidar com esse fluxo de informação que muda constantemente: ele não mais memoriza a informação, somente os *links* para as páginas e *sites* ou para outros locais similares na internet, em que ele sabe que encontrará a informação mais precisa no momento necessário.

Peça a seu filho ou filha para lhe dizer qual é o melhor aparelho de telefone celular para você. Eles não dirão, pois todo dia surge um novo aparelho. Eles darão a você, contudo, o endereço de um *site* em que todos os modelos de telefone celular são comparados; onde uma comunidade contribui para que as comparações sejam precisas e de acordo com a necessidade de quem procurar por tal informação. Seu filho reduziu eficazmente a complexidade dessa imensa rede de informações a uma linha de referência.

Combinando esse exemplo de "memória de referência" com a sempre crescente procura por "algum lugar, a qualquer momento", o Del.icio.us está se desenvolvendo como uma grande grupo voltado à referência *on-line*. Além de ajudar uma comunidade a referenciar a internet, o Del.icio.us também oferece um espaço para referência de seus *sites* favoritos, que ficam disponíveis em qualquer lugar que você vá, bastando haver uma conexão à internet e a necessidade de usá-los.

4

APRENDENDO DE MANEIRA DIVERTIDA

"Trate as pessoas como se elas fossem o que deveriam ser e contribuirá para que elas se tornem o que são capazes de ser."

Johann Wolfgang von Goethe

Nos capítulos anteriores, descrevemos a nova geração de crianças, que cresce em meio à tecnologia da informação e da comunicação. Descrevemos tais crianças como *pensadores digitais* e tentamos lhes dar uma visão geral sobre a tecnologia, que, para elas, não é novidade. Para você, contudo, talvez o assunto seja inédito e até mesmo revolucionário. Tentamos nomear as habilidades mais importantes e distintivas que essas crianças parecem desenvolver, o que as coloca à parte de nós e que nos faz chamá-las de *Homo zappiens* – uma nova espécie de ser humano. Também abordamos as similaridades entre jogar e aprender.

Neste capítulo, refletiremos sobre os aspectos de aprendizagem do comportamento do *Homo zappiens*. Tentaremos traduzir as habilidades que foram descritas no Capítulo 3 acerca de nossa visão atual da sociedade, para demonstrar como elas podem ser consideradas úteis na aprendizagem. A principal questão a responder neste capítulo é se, e como, a aprendizagem mudou por causa da tecnologia. Para fazê-lo, devemos primeiramente observar mais de perto a própria aprendizagem – o que ela é e como pode ser definida.

O homem é, por natureza, uma criatura que investiga: não simplesmente aceita e convive com o que está diante de si; busca novas coisas, novas oportunidades e maneiras de melhorar sua vida. Maslow (1987) descreveu nossa motivação por determinado comportamento em seu modelo piramidal, tentando explicar como priorizamos ora viver nossa vida, ora melhorá-la. À medida que melhoramos nossa vida, usamos nosso cérebro como instrumento para analisar o que temos à nossa volta e para nos adaptarmos a isso, prevendo nosso futuro incerto. Essa capacidade de reconhecer padrões em nossa experiência e de melhorar nossas respostas a eles é o que chamamos de "aprendizagem". Usamos o conhecimento, as habilidades e os valores para construir as competências que determinam tais respostas.

Tentamos comunicar nossas competências por meio da informação e de exemplos, de maneira que outras pessoas possam aproveitar nossas descobertas, e que possamos aproveitar o crescimento do todo. Chamamos esse fenômeno de ensino, acompanhamento, treinamento, educação, exercício, condicionamento, manipulação ou orientação, todos eles dependentes das intenções que temos em nossas comunicações e dos modos pelos quais estruturamos o que comunicamos.

Uma das razões para a aprendizagem é que ela permite que otimizemos nossa resposta a uma determinada situação, de maneira que possamos minimizar o risco de incerteza e dúvida. Uma das razões para a comunicação interpessoal é que nós, como espécie, reconhecemos o benefício da distribuição de tarefas e esforços: é muito mais fácil copiar algo de alguém do que (re)inventar a mesma coisa que copiamos. Um desdobramento da especialização pode ser visto na invenção do ensino: aqueles indivíduos que são especialmente hábeis ou detêm o conhecimento sobre uma determinada tarefa recebem a tarefa de educar seus sucessores, de maneira que o potencial de suas habilidades não se perca. Ao longo do tempo, desenvolvemos organizações para o ensino e a educação que aprimoram a eficiência com a qual preservamos habilidades valiosas e o conhecimento de nossa espécie.

Neste capítulo, é importante perceber que há certos aspectos da aprendizagem que podem (apenas) ser realizados individualmente e aspectos que requerem comunicação. A aquisição de informações e a consequente transição para o conhecimento baseiam-se no que o indivíduo pensa ser importante. Contudo, os valores de uma pessoa são fortemente influenciados por aquilo que está ao seu redor e pelas convenções que foram negociadas. Toda vez que grupos de pessoas têm de coexistir, eles negociam convenções e regras que regulamentam o impacto de outras pessoas sobre seu ambiente.

As habilidades são uma característica do indivíduo, em muito conectadas aos seus pontos fortes pessoais, mas o desenvolvimento e o uso delas é influenciado pelas exigências impostas ao indivíduo pelo ambiente.

As duas imagens (Figuras 4.1 e 4.2) são uma ilustração de como a tecnologia teve um impacto visível nas vidas das crianças. No capítulo an-

Figura 4.1
Crianças brincando

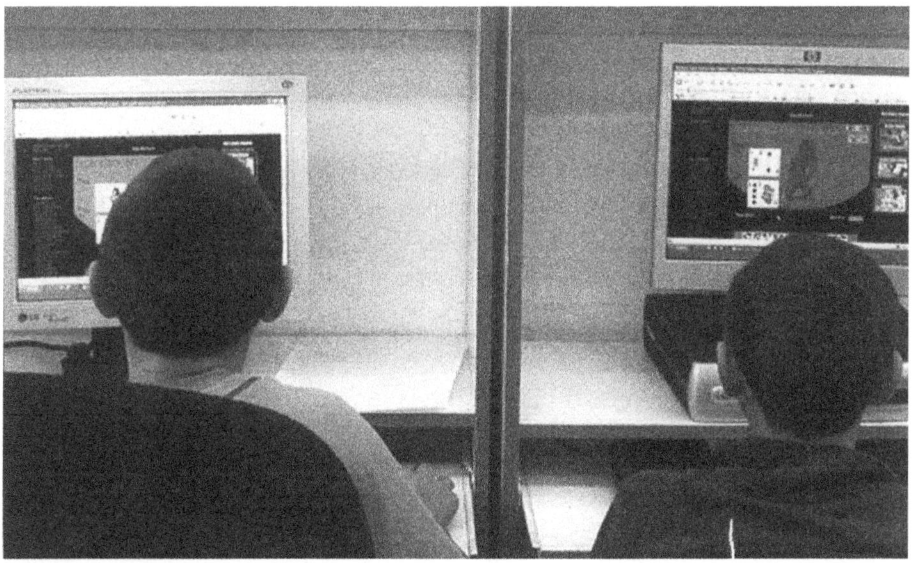

Figura 4.2
Crianças jogando cartas *on-line*

terior, discutimos a proeminência cada vez maior da televisão na sociedade. Pode-se dizer que redescobrimos o prazer de nos comunicarmos por meio de imagens, como nos primeiros desenhos feitos nas cavernas. Algumas das mais importantes objeções que os pais fazem aos seus filhos quando estes jogam no computador é que eles fazem muito pouco exercício físico e interagem pouco socialmente. Concordamos no que diz respeito ao exercício, pois a tecnologia permitiu que nós, em todos os aspectos de nossas vidas, nos tornássemos preguiçosos. Tome-se o simples exemplo da alimentação: não mais precisamos caçar ou cultivar o que comemos; podemos fazer que nos entreguem tudo em casa com um simples telefonema ou contato pela internet.

O problema relativo ao fato de nossa mente estar se tornando o principal, ou o único, aspecto importante de nosso ser está crescendo por causa das possibilidades de nos expressarmos por outros meios, que não fisicamente. Este livro, contudo, não é o lugar para discutir longamente o modo pelo qual nossa sociedade está engordando e ficando (fisicamente) doente. Estamos falando das possibilidades de nossa mente e, de fato, para ser mais direto, das mudanças que percebemos em nossas crianças. É assim que passamos à questão de as crianças não interagirem o bastante socialmente. No capítulo anterior, demonstramos como as interações que ocorrem nos jogos *on-line* são bastante sociais em sua natureza e podem parecer até mais cruciais para o futuro do *Homo zappiens* do que brincar na rua com as crianças do bairro. É pelo modo como fomos criados que olhamos o mundo. Relacionamos o modo como devemos criar nossos filhos ao modo como fomos criados. Assim, se tivermos de analisar os jogos do *Homo zappiens* e tentar traduzir isso em exemplos de nossa própria juventude, talvez possamos entender melhor como eles estão aprendendo. Tentaremos demonstrar esse fato com o teste a seguir.

Tome-se o seguinte exemplo: uma criança de 10 anos volta da escola para casa e, depois de tomar um copo de limonada e comer alguma coisa, seria hora de brincar. Presumiremos que essa criança é inteligente ou diligente o bastante para já ter feito sua tarefa de casa. Na rua, chove muito e se você, adulto, não tivesse nada para fazer, ficaria sentado ao lado da lareira, olhando para o fogo ou lendo um livro, sentindo o cheiro agradável da madeira a queimar. Seu CD favorito toca suavemente ao fundo. Pode-se dizer que é inverno e que você não sairia para a rua agora, nem a criança. O que você pediria para a criança fazer?

a) Proporia a ela um jogo de tabuleiro, como, por exemplo, Banco Imobiliário?

b) Falaria com ela sobre as experiências da escola e faria com que ela perguntasse sobre a sua época de estudante.
c) Leria com ela um livro de Charles Dickens.
d) Pediria que ela escrevesse um texto sobre a melhor ideia para a feira de ciências da escola?

Seu filho está enfrentando problemas com uma criança do bairro, sendo frequentemente importunada por ela no caminho de volta da escola. Você acha que é melhor ficar de fora do problema e deixar que seu filho resolva a questão. Em sua opinião, como seu filho deveria reagir?

a) Deveria considerar que a outra criança pode ter um território que considera seu e, portanto, buscar um novo caminho para voltar para casa.
b) Deveria alterar sua postura e expressão até que isso intuitivamente afastasse a outra criança.
c) Deveria observar e imitar o comportamento dos amigos da outra criança.
d) Deveria falar com você sobre como lidar com a situação e propor um plano.

Seria interessante saber como você responderia e o que você pensa sobre os resultados (que são dados a seguir; não os leia agora). Também gostaríamos de saber se você tem sugestões de outras questões similares que possam ser acrescentadas à próxima edição deste livro. Por favor, compartilhe suas ideias conosco em www.homozappiens.nl ou envie um *e-mail* para book@homozappiens.nl.

Bem, agora que você já foi ao *site*, a parte final do teste terminou. O que podemos fazer com os resultados é dar uma pequena indicação de nossas preferências em relação à aprendizagem, já que as questões foram livremente baseadas nos estilos de aprendizagem de Kolb (1984). Explicaremos isso no próximo capítulo. Também poderíamos tentar concluir se você considera a aprendizagem mais exitosa quando produz resultados, envolve interação, entretém ou aumenta o conhecimento. Obviamente, pela escolha das palavras, as questões são levemente tendenciosas, já que, por exemplo, mencionamos a palavra "brincar" antes da primeira pergunta, o que pode ter feito você responder "A".

A razão mais importante pela qual escrevemos o teste que você acabou de ler foi fazer com que você usasse seu cérebro como a ferramenta para que ele foi projetado: um instrumento ativo de simulação. Podemos com certeza dizer que fizemos você imaginar, estimulamos você a testar-se, envolver-se, e fizemos a primeira parte deste capítulo ser interativa. Talvez você a tenha considerado divertida e animadora.

Considere novamente o seguinte: uma criança jogando no computador algo que envolve escolher armas, explodir alguns monstros e marcar pontos por salvar donzelas está fazendo exatamente o que você acabou de fazer, mas tendo outro tema como objeto. Ela imagina-se em algum lugar em que não está, agindo de uma maneira incomum (talvez de uma maneira que ela não queira agir) e fazendo escolhas baseadas nessa situação virtual. Ela desafia a si mesma a resgatar o maior número de donzelas e matar um grande número de monstros, da mesma forma que você talvez tenha desafiado a si mesmo ao predizer nossas intenções no teste. Toda vez que a criança prevê com certeza que uma donzela irá para a direita e que é, portanto, seguro lançar um foguete contra o monstro que está atrás dela, a criança sente a mesma alegria que você sentiu ao contribuir para nossa comunidade em nosso *site* (ver p. 79 para detalhes). Quantos de vocês fizeram essa comparação? E quantos agora acham que essa comparação tem sentido?

Se tivéssemos aplicado esse teste em um ambiente tradicional de sala de aula, teríamos com certeza observado a pressão entre os colegas para responder às questões, um comportamento mais estratégico, maior número de respostas via *e-mail* e no *site*, e menos prazer. Talvez tivéssemos feito o teste mais "produtivo" em termos de *feedback*, retirando um pouco a possibilidade de escolha de participar dele ou não. Em termos do exemplo da criança que destrói monstros: se tivéssemos dado a ela o jogo e depois nos posicionado bem atrás dela, usando um cronômetro e tomando nota de seus pontos, teríamos criado uma situação de alto nível de estresse, e provavelmente quase metade das crianças não teria gostado tanto de jogar. Com isso, elas certamente estariam mais centradas nos objetivos do jogo e nem prestariam, por exemplo, atenção às cores da parede do ambiente do jogo. Elas certamente notariam instantaneamente quais eram nossos critérios de julgamento e responderiam a eles por meio do estabelecimento de objetivos diferentes e não diretamente relacionados ao jogo, como, por exemplo, fazer com que parássemos de respirar ou bafejar em suas nucas.

Assim, se nossa meta fosse a de fazer com que o maior número de monstros virtuais fossem mortos no jogo, talvez ficássemos felizes com o resultado. Mas não era nossa intenção despertar um certo comportamento, oferecer um ambiente propício à imersão em um ambiente virtual para praticar certas habilidades relativas a prever e a solucionar problemas de maneira criativa? Aí está, então, certamente a oportunidade para ambas as coisas e só dependerá de você e da situação determinar qual objetivo pre-

Skype, o futuro da comunicação interpessoal?

A tecnologia avança e, ao mesmo tempo, campos de aplicação tradicionalmente separados se misturam e novos aplicativos surgem. Durante anos, vimos os campos da tecnologia da informação (TI), da tecnologia da comunicação (TC) e da multimídia crescerem juntos, formando o que se conhece hoje como "Tecnologia de Informação e Comunicação" (TIC, em inglês ICT). Os computadores estão perto do centro da esfera de aplicação da Tecnologia de Informação e Comunicação por causa de seus muitos e diversos usos e, como tal, têm sido responsáveis por boa parte das convergências. Porém, temos também visto os telefones móveis ganhar mercado, depois as câmeras e o acesso à internet e, mais tarde, unindo-se a PDAs (assistentes pessoais digitais) ou a pequenos computadores, com organização básica e funcionalidades de comunicação. As palavras-chave parecem ser "conectado", "integrado" e "portátil".

Como resultado das redes de comunicação que se unem à internet, a natureza e os protocolos da transmissão de rede tornaram-se mais voltados aos pacotes. Quando muitas conexões diferentes precisam ser feitas entre origem e demanda, em rápida sucessão, com apenas uma pequena informação viajando entre a origem e a demanda, não é econômico dedicar uma conexão plena entre origem e demanda durante a requisição, tendo-se a banda de transmissão em seu máximo. Em vez disso, os dados enviados podem ser divididos em pequenos grupos (pacotes), cada um deles sendo enviados pela rota mais rápida entre A e B e remontados no ponto de chegada. Essa é a diferença fundamental entre redes ligadas por circuitos e por pacotes, ou, por exemplo, entre redes de telefonia tradicional e internet.

(continua)

(*continuação*)

O Voice-over IP (VoIP) é um meio de enviar, por exemplo, conversações telefônicas por meio de uma rede, enquanto o Skype é um serviço que facilita tanto a conexão VoIP quanto, mediante o pagamento de uma taxa, a conexão entre o IP e as redes em circuito. O *software* permite que você faça ligações para dois ou mais computadores, que devem estar conectados à internet, por um custo que não vai além da manutenção da conexão da internet. Vemos uma funcionalidade similar em outros grandes *softwares* para conversar *on-line*, como o MSN, AOL ou ICQ. O interessante, contudo, é que o Skype também permite que você conecte seu computador já conectado à internet ao telefone de alguém pelo custo de uma conexão local ou, então, estar disponível em um só número/conta, mediante o pagamento de uma tarifa, em muitos países do mundo. No momento em que escrevo, o minuto custa somente 1 centavo de libra esterlina para fazer uma ligação pelo Skype do Reino Unido para uma cidade da Itália.

O Voice-over IP diminui eficazmente as barreiras para as pessoas menos interessadas em tecnologia utilizarem seus benefícios. Além disso, como serviço extra e gratuito, ele oferece a possibilidade de conversar por videotelefone entre computadores equipados com câmeras, fazendo uso da capacidade sempre crescente da banda (larga) disponível na internet. À medida que mais usuários passarem a usar as conexões de banda larga, veremos o surgimento mais intenso da videotelefonia.

O VoIP tem uma grande desvantagem, que ainda está sendo resolvida, mas que é um problema central para todas as redes desse tipo: a qualidade do serviço. Como os pacotes podem passar de A a B por meio de, por exemplo, C, D ou E, uma parcela desses pacotes pode conter um atraso variável de acordo com o uso da rede no momento da transmissão. Isso pode criar algum travamento nas ligações ou deixar os vídeos com imagem distorcida.

fere. Na mesma medida, a sua própria situação pessoal determinará como você prefere aprender determinadas habilidades, conhecimentos e valores, mas, como dissemos antes, essa situação não só é influenciada por seus pontos fortes pessoais, mas também pela informação que você pode adquirir e os valores que negociou. A principal coisa a considerar aqui é que a motivação para a aprendizagem é pessoal: como você aprende, quando aprende, onde aprende, por que aprende e até se aprende ou não. Tão logo comecemos a impor restrições, podemos fazer com que você aprenda alguma coisa melhor, mais rapidamente e com menos esforço, mas o que será aprendido não será algo que você terá feito para ampliar a si mesmo e sim como uma tarefa obrigatória que tinha de ser feita para que alguém parasse de bafejar na sua nuca. Talvez, com isso, tenhamos até impedido que você aprendesse algo mais, que você considerasse importante. Há uma tensão natural entre as necessidades do indivíduo e a necessidade do coletivo, o que nos leva a competir com os outros, embora precisemos deles ao mesmo tempo. Os leitores mais aguçados terão notado aqui uma certa crítica à escola tradicional, mas se você quiser saber nossa opinião sobre a educação de hoje, terá de esperar pelos próximos capítulos.

Deixe-nos resumir brevemente o que foi dito até agora. Todos aprendemos. Aprendemos pelo reconhecimento de padrões em nossas experiências. Respondemos ao que nos cerca e isso inclui os outros seres humanos. A competência que usamos para responder ao nosso ambiente consiste em nosso conhecimento, valores e habilidades. Enquanto aprendemos novas habilidades que se encaixam em nossos pontos fortes e criamos conhecimento a partir de informações que nós, como indivíduos, consideramos importantes e significativas, o uso de nossas habilidades e o que julgamos importante, isto é, nossos valores, baseia-se em nossa interação com o que nos cerca.

A motivação para agir baseia-se não só em objetivos pessoais, mas coletivos. Como espécie, reconhecemos o valor da especialização das tarefas. Isso cria uma tensão entre o grupo e o indivíduo: você deve contribuir por conta própria, mas, ao mesmo tempo, é dependente dos outros. A mesma tensão existe na educação (a ser discutida no próximo capítulo): precisamos que o indivíduo adquira as mais importantes habilidades e conhecimentos que nossa espécie precisa preservar, mas, ao mesmo tempo, precisamos que ele desenvolva seus próprios pontos fortes e contribua com inovação (ou com estabilidade).

Para desenvolver as competências pessoais necessárias, usamos nosso cérebro como uma ferramenta de simulação. Acumulamos experiência, criamos realidades abstratas ou alternativas e desenvolvemos e testamos nossas soluções para certos problemas. Quando, inevitavelmente, deparamo-nos com situações imprevistas, o fato de já ter simulado vários cenários similares permite que escolhamos a melhor alternativa e que reduzamos a complexidade e a novidade de encontrar uma solução. Para esclarecer, considere os seguintes exemplos:

1. Quando criança você teve aulas de história. Ficou sabendo, por exemplo, sobre a Segunda Guerra Mundial. Esse conhecimento permite-lhe entender por que outras pessoas reagem com medo ou raiva diante de determinadas situações. Ele lhe dá condições de avaliar o valor e as contribuições dos outros.
2. Você aprendeu a jogar cartas. Os jogos de carta envolvem uma certa quantidade de sorte e se restringem a um número limitado

de possibilidades. Com determinada habilidade é possível calcular o rumo do jogo e também enganar outros jogadores no que diz respeito às probabilidades do jogo. Essas habilidades são úteis quando se busca otimizar ganhos pessoais.

3. Por meio da discussão com os outros e por causa da disponibilidade de tanta informação na internet, você aprendeu a valorizar a capacidade de filtrar informações, sua e dos demais. Isso faz com que você desenvolva suas próprias habilidades e busque atuar junto aos indivíduos que têm mais habilidade.

Nas páginas anteriores, analisamos a aprendizagem, a comunicação e os indivíduos a partir da perspectiva de nossa espécie. Agora voltaremos a olhar pelos olhos do indivíduo: do *Homo zappiens*. A razão para essa introdução bastante longa foi demonstrar algumas noções que sempre determinaram a aprendizagem: noções que ainda determinam a aprendizagem. Podemos concluir com segurança que a aprendizagem, nesse sentido, não mudou. Então por que temos a sensação de que muita coisa mudou? Que mudança estamos vendo? Antes de darmos um teste e discutir a simulação e a motivação, mencionamos a interação social: observamos que as crianças não se envolvem tanto com a interação social física. Instintivamente, sentimos que isso não é certo, porque nos beneficiamos muito dessa espécie de interação em nossa juventude.

Não acreditamos ainda no potencial que a nova tecnologia tem para substituir a interação física, em grande parte porque temos a expectativa de ver e ouvir as pessoas e observar a linguagem corporal. São essas as nossas convenções de comunicação. Falando de maneira objetiva, estamos em parte certos, no sentido de que a tecnologia ainda não pode substituir integralmente o "olhar e o sentir" presente nas atividades físicas. Porém, enquanto ajustamos nossas próprias convenções a essa nova tecnologia, a nova geração de crianças já criou suas próprias convenções.

Para o *Homo zappiens*, é perfeitamente agradável usar todo meio de comunicação disponível. Eles esperam que todas as pessoas valorizem o *e-mail* e a comunicação por telefone da mesma forma que valorizam o contato físico. Assim, para eles não há problema em encontrar as pessoas e nem em responder a um *e-mail* recebido no dia anterior. Eles parecem não desconfiar da tecnologia como nós, que ainda exigimos acordos e contratos firmados por escrito. Muito embora a identidade digital abra ainda mais espaço para a fraude do que o telefone e o *e-mail*, o *Homo zappiens* aceita essa incerteza, continuando a colher os benefícios da tecnologia. Em contrapartida, desenvolve habilidades para detectar fraudes, por exemplo, notando que o estilo de escrever utilizado por alguém no MSN não é o estilo normalmente usado ou que o conhecimento comum às duas pessoas que conversam parece estar ausente.

O desenvolvimento tecnológico aumentou as possibilidades de aprendizagem do *Homo zappiens*. Há mais informações disponíveis a partir das quais se pode criar conhecimento. Há mais meios disponíveis para a comunicação de competências e para a negociação de valores. Há novas formas de ambientes virtuais que oferecem um suporte mais refinado para simulações e jogos. O quanto não parecemos triviais para o *Homo zappiens* por somente termos usado roupas ou fantasias para alterar nossa aparência quando queríamos nos transformar em um caubói ou índio... Hoje, há avatares virtuais, há vozes alteradas por computador e, potencialmente, até mesmo choques elétricos para indicar que se foi atingido por uma flecha ou bala. Enquanto está sentado ao computador, o *Homo zappiens* dispõe de um ambiente virtual muito mais envolvente para simular exatamente as mesmas coisas que nós fizemos.

Wikis e *blogs* são fenômenos interessantes. Parecem-se com livros e enciclopédias tradicionais. Ao mesmo tempo que têm a finalidade de armazenar informação, também permitem a manipulação e a adaptação. Com as *wikis*, criamos uma ferramenta de conhecimento que pode responder à mudança da mesma forma que nós. Os *blogs* fazem das histórias que se conta às crianças o que a leitura sempre fez: abrir espaço para perguntas.

O ponto forte da mente humana, e de acordo com Charles Darwin essa qualidade deve ser atribuída às espécies vivas em geral, é a capacidade de se adaptar à mudança das circunstâncias. Chamamos isso de aprendizagem. O que nos separa das outras espécies, se de fato podemos falar de evolução e se nos consideramos a última espécie de nossa linhagem, é que temos uma capacidade mais desenvolvida para projetar os acontecimentos. Somos capazes de nos imaginarmos fora da realidade fisicamente percebida, não só no espaço e no tempo, mas também no que diz respeito à nossa capacidade e aparência. Dizemos realidade percebida porque quando alegamos ser capazes de tornar qualquer coisa virtualmente existente em nossas mentes, como podemos estar certos do que consideramos real? Deixaremos essa questão para os filósofos.

Quando jogamos no computador ou participamos de simulações, fingimos conhecer nosso ambiente. Podemos até fingir estar no controle do nosso ambiente ou alterar alguns aspectos de nós mesmos e do que nos cerca. As crianças que brincam de caubói e de índio fazem o mesmo tipo de simulação que as crianças que jogam World of Warcraft, mas o jogo *on-line* é muito mais envolvente e flexível, permitindo uma rápida mudança de personagem sem o incômodo de ter de trocar de roupa.

A mente humana, capaz de imaginar, capaz de se comportar de maneira adaptativa, é um instrumento muito poderoso. Desde o nascimento começamos a tentar condicionar esse instrumento, da mesma maneira que nossa espécie fez com as pedras, metais, estruturas, produtos químicos e, mais recentemente, átomos e elétrons. Esse condicionamento é feito em níveis múltiplos: moldamos nossas mentes ao que é útil para nós mesmos, mas também às necessidades de nossas famílias, comunidades, sociedade, nações e espécie. E é aí que um conflito de interesses pode existir: entre os níveis múltiplos de interação humana que tentam moldar nossas mentes.

A todo momento surge uma nova consciência coletiva e um novo raciocínio que empurra os indivíduos para uma determinada direção. Podemos chamar essa consciência de natureza ou de uma consciência superior, mas todos seremos capazes de encontrar traços dela em nossa história: um desastre natural, a descoberta de uma tecnologia, um líder forte ou o nascimento de um ideal. Essas coisas têm um tremendo impacto sobre como e sobre o que o indivíduo faz, pois elas mudam nosso ambiente; mudamos nossa percepção do ambiente.

Esse ambiente inclui outros indivíduos. Para qualquer lugar que olhemos não somos de fato indivíduos: precisamos dos outros. Se você estivesse de fato agindo apenas em seu próprio interesse, você estaria isolado, em outro planeta, não leria um livro, estaria cultivando alguma plantação (ou se tivesse um determinado nível de inteligência e tempo, gerenciaria um grupo de robôs que cultivariam essa plantação). Os livros são histórias contadas, sob a forma impressa: conhecimento transferido de uma entidade à outra em uma determinada forma. Os livros são comunicação e você não pode se comunicar consigo mesmo, com exceção dos diários que podem ser considerados apenas uma memória artificial.

Como espécie, reconhecemos nossa mente como uma ferramenta e buscamos usá-la ao máximo. Ainda estamos nos aperfeiçoando. Um dos resultados do desenvolvimento dessa ferramenta é que criamos a linguagem: símbolos falados com os quais comunicamos informações na busca de transferência de conhecimento. Aceitamos determinados padrões (por exemplo o da linguagem em vez de imagens) e implementamos algumas regras que são valorizadas como base de nossa comunicação. Pelo menos, a parte dominante de nossa espécie o fez. Por causa desses construtos, capacitamo-nos a absorver e digerir muito mais informação do que o teríamos feito se tivéssemos estado isolados. A natureza nos deu a noção de que estamos em melhor situação juntos, mas, ao mesmo tempo, estimulou o individualismo como meio de inovação. Observe as grandes multinacionais hoje: são ricas e bem-estabelecidas, mas toda vez que desejam inovar, promovem ou adquirem empresas pequenas recém-iniciadas, porque essas pequenas unidades têm a flexibilidade e adaptabilidade de se moverem e pensarem com rapidez.

Os governos operam em vários níveis, em diferentes escalas de problemas. A distribuição de habitações e alimentação aos necessitados é mais bem administrada em nível local, enquanto o desenvolvimento da tecnologia para todos é agregada a um âmbito nacional e mesmo internacional. Com um pouco de cinismo, pode-se dizer que quanto maior a organização menos ela estará aberta à mudança. Isso foi entendido por meio de noções como as leis de Newton e também na repulsa moderna às burocracias. Precisamos, sem dúvida, contudo, de estruturas coletivas e estamos constantemente tentando chegar a uma consciência coletiva e à cooperação. Analisando as democracias modernas e as autocracias, podemos concluir que ainda não chegamos a um equilíbrio estável entre o individual e o coletivo. Talvez nunca cheguemos.

Agora, de volta a nosso assunto, o indivíduo que aprende. Mencionamos a mudança, a adaptação, o conhecimento, as habilidades, os valores, as regras e as convenções. Discutimos o individual e o coletivo em níveis múltiplos. Este capítulo detalhou a mente como um instrumento para a virtualização para brincar com a realidade. Na sociedade, vimos um grande movimento do pêndulo em direção à padronização de massa. Hoje, com o surgimento da onipresente tecnologia da informação, permitimos que esse pêndulo se movimentasse para o outro lado: certamente observaremos o crescimento da individualidade e da especialização antes de novamente o pêndulo mover-se rumo ao ponto de equilíbrio. Por quê? Porque começamos a desenvolver uma ferramenta de comunicação mais poderosa do que a linguagem. Estamos, na verdade, redescobrindo o potencial das imagens e ao mesmo tempo ampliando nossa banda de comunicação para algo próximo da velocidade do cérebro. Sabemos dos avanços pelos quais passou nossa espécie, mas quem poderá dizer para onde tais avanços nos levarão? Quem é que poderá dizer, por exemplo, que a telepatia não está prestes a acontecer?

De qualquer maneira, o aumento no potencial da comunicação criou espaço para o indivíduo afirmar um nicho próprio. Com a criação da tecnologia, mudamos o equilíbrio entre o individual e o coletivo para o individual e, portanto, criamos mais potencial para a mudança e para a inovação. Como chamamos a era da padronização de massa de "era industrial", chamaremos essa era de "era criativa".

Para o indivíduo, os tempos que vivemos são turbulentos. Colhemos tanta informação e conhecimento ao longo do tempo, e somos capazes de comunicar isso tudo com tanta rapidez, que, para um indivíduo ter seu papel na sociedade, tem de começar a desenvolver seu próprio potencial

E-trax, um sistema de aprendizagem simples e interativo

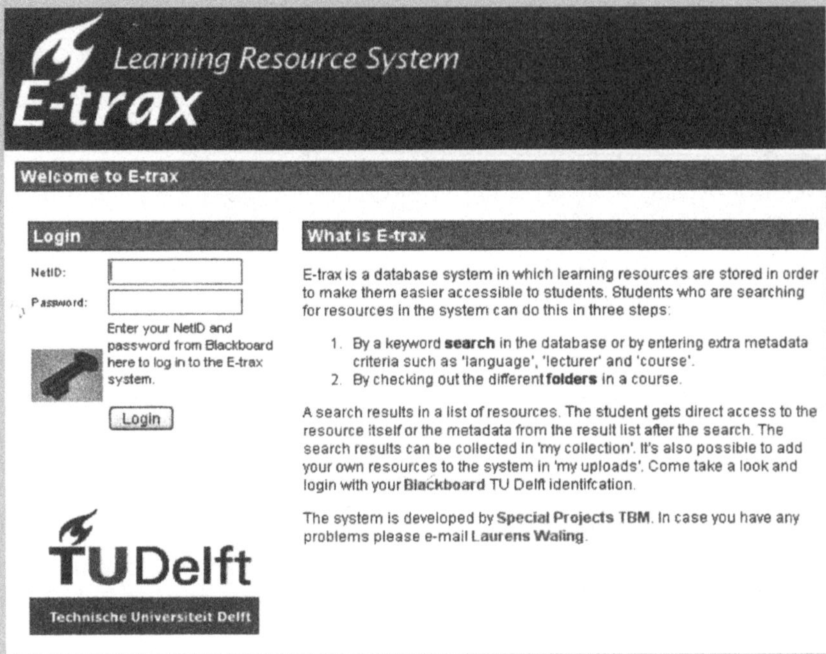

Os professores estão usando cada vez mais recursos *on-line*. Exemplos são os artigos, livros e guias disponibilizados *on-line*, *links* para páginas da rede ou fragmentos de gravações de vídeo e áudio. Caso se tenha pouco ou nenhum conhecimento do sistema de gerenciamento de arquivos e pouco mais do que o *know-how* necessário para administrar um simples curso, compartilhar recursos pode ser uma experiência dolorosa – isso para não mencionar o fato de os alunos precisarem enviar trabalhos eletronicamente pelo mesmo sistema.

Em um esforço para apoiar os professores na criação de um ambiente mais interativo e natural para cursos futuros, projetou-se o E-trax. Trata-se de um *software* desenvolvido pela Universidade de Tecnologia de Delft, que busca oferecer uma interação mais dinâmica sob a forma da armazenagem de recursos em um só lugar. O *software* pode ser acrescentado a qualquer sistema, tornando qualquer disco virtual mais administrável e de fácil manuseio.

(*continua*)

(*continuação*)

O E-trax foi projetado tendo-se em mente a contribuição da comunidade, de maneira que alunos e professores usassem a mesma interface. Ele permite que você envie seus arquivos ao sistema e nomeie o arquivo com as palavras-chave, título e autor que achar conveniente. Permite que você busque em um banco de dados usando qualquer campo de informação que um arquivo pode conter e lhe oferece uma lista de tudo o que se encaixa no que procura. A maneira pela qual o programa apresenta os resultados da busca ainda está em desenvolvimento. Uma das vantagens de apresentar a lista de resultados é que ela imediatamente permite que você identifique se o item é um artigo, um arquivo de som, um arquivo de vídeo, um *link* para a rede ou qualquer outra espécie de arquivo. Quando você encontra os recursos que lhe interessam, pode marcá-los ou indexá-los, para que sejam automaticamente lembrados em sua lista de favoritos; caso você precise deles novamente, ou tenha de referenciá-los constantemente durante um projeto, não precisará procurá-los novamente.

O sistema também tem uma ferramenta de avaliação do usuário, que pode dar uma nota de zero a cinco ao que encontra. Qualquer usuário pode acrescentar a sua nota, sem discriminação ou peso. Isso torna o *software* uma ferramenta excelente, por exemplo, quando usado em conjunto em um projeto ou em revisão de trabalhos entre colegas. Assim como os usuários dão notas mais altas aos recursos que acham mais valiosos, podem também decidir remover ou arquivar recursos cujas notas sejam baixas depois de tê-los visualizado algumas vezes. Também será mais fácil para os outros usuários encontrar com facilidade as respostas de que precisam, já que eles sempre buscarão em primeiro lugar os recursos que tenham recebido cinco estrelas.

O segundo propósito para revisão de trabalhos entre colegas pode ser referente às notas dadas aos trabalhos. Os alunos podem enviar seus trabalhos para o sistema e, então, todos podem lê-los e qualificá-los (de maneira muito parecida com o que ocorre nos artigos científicos). Um professor pode decidir tornar obrigatório que todos avaliem, digamos, de cinco a dez artigos, avaliando o valor relativo de cada contribuição por meio de notas. Isso é claro abriria espaço para fraudes, mas, como em qualquer esforço comunitário, a confiança é sempre um componente importante.

Ao manusear arquivos como recursos que podem ser nomeados, procurados, lembrados e avaliados, o sistema E-trax não é apenas um mecanismo de busca para recursos locais ou externos, é também uma ferramenta comunitária para gerenciar tais recursos. Ela também atua como uma ajuda ao professor para a criação de um ambiente mais dinâmico, além de permitir o controle inerente aos sistemas de gerenciamento de arquivos, muito usados hoje.

no útero materno. Palavras-chave são a autocompreensão, o autocontrole e a autoexpressão. As duas primeiras são óbvias: você precisa se conhecer e a seu potencial para ser capaz de desenvolvê-lo e, ao mesmo tempo, precisa ter o controle do seu desenvolvimento já que é a única pessoa que pode pressentir onde está indo. A autoexpressão é, contudo, igualmente importante e pertence à manutenção do equilíbrio entre o individual e o coletivo: precisamos um dos outros e, portanto, precisamos da comunicação. Devemos, pois, adquirir as habilidades de expressar nosso valor a nossos pares assim como devemos aprender a reconhecer o valor deles. Há 10 anos, atribuíamos o mesmo valor à carreira, à lealdade e à educação; qualidades que servem às massas em primeiro lugar e depois ao indivíduo.

O *Homo zappiens* está crescendo cercado pela tecnologia. Ao mesmo tempo, está sentindo o movimento do pêndulo rumo à especialização individual e, assim, a necessidade de estar no controle de seu próprio desenvolvimento. A teoria de aprendizagem do construtivismo afirma que as crianças não são, em absoluto, bobas: e não são também certamente recipientes vazios esperando serem preenchidos pela sabedoria de seus professores. Já sabemos disso há algumas décadas, mas a implicação total desse conhecimento só recentemente nos atingiu em cheio.

O *Homo zappiens*, muito mais do que as gerações anteriores, tem controle de seu próprio destino. Não porque as gerações anteriores não tenham sentido o mesmo movimento do pêndulo começar, mas porque o *Homo zappiens* recebeu as ferramentas (a tecnologia) para fazê-lo. Percebemos que seu comportamento e aprendizagem são radicalmente diferentes quando contrastados aos nossos, mas esquecemos que essa mudança está ocorrendo em todos os níveis e faixas etárias da sociedade; esquecemos de ver como algumas atividades são similares e como o *Homo zappiens* teve a sorte de dispor da tecnologia para ampliar sua mente.

Finalmente, para encerrar este capítulo e começar o próximo, poderíamos dizer que há uma nova espécie de aprendizagem. De fato há. Já argumentamos que muito do que pensamos ser novo são apenas velhos processos ocorrendo sob novas ferramentas. Há, contudo, algumas coisas que definitivamente mudaram e se há algo que se deve lembrar da leitura deste capítulo seria o fato de as pessoas do mundo de hoje exigirem a liberdade de aceitar a incerteza. Apenas aqueles que souberem aprender a viver seus potenciais, aceitando que não podem prever e controlar tudo, se sentirão verdadeiramente em casa na era de hoje e de amanhã. Mas isso não foi sempre parte do nosso crescimento?

5

PARANDO A MONTANHA-RUSSA

"É, na verdade, algo que não fica nada a dever a um milagre o fato de os métodos modernos de ensino ainda não terem estrangulado inteiramente a sagrada curiosidade da investigação."

Albert Einstein

As pessoas sempre aprendem. Mesmo quando você pensa que elas estão realizando as atividades mais inúteis que se possa imaginar, ainda se pode dizer que estão aprendendo a ser mais experientes em fazer algo inútil. Esse adquirir experiência não é, porém, o que, em termos gerais, chamamos de aprendizagem. Pensamos na aprendizagem como alguma mudança mensurável ou perceptível em resposta a uma determinada situação. Essa própria definição impede a possibilidade de se aprender em uma só situação, já que nunca teremos a oportunidade de testemunhar a mudança em uma resposta a uma situação que não volte a ocorrer novamente. Agora você deve estar pensando: "Espere um pouco! Isso está errado", e, é claro, mais uma vez você está certo. A aprendizagem não é um estado binário em nossa percepção, algo que você possa fazer ou não fazer; há vários graus de aprendizagem, pelo menos para o observador, embora um cientista possa argumentar que a aprendizagem é uma atividade binária. Também a comparação e a associação são importantes para aproximar diferenças.

No capítulo anterior, discutimos os aspectos da aprendizagem de um ponto de vista individual, e também observamos a tensão criada por nossa valoração coletiva da aprendizagem. Os capítulos anteriores continham exemplos de crianças que se envolvem com toda espécie de atividades, que fomos condicionados a considerar algo não útil para a aprendizagem. Mostramos a você uma série dessas atividades e o modo como elas podem ser levadas em consideração na aprendizagem. Na verdade, vimos que, até agora, houve uma mudança na aprendizagem e que tal mudança se relaciona às ferramentas e à tecnologia disponível para a virtualização (simulação e jogos) e para a comunicação. Há uma diferença no que essa geração de *Homo zappiens* aprende, visto que passamos a mudar nossas demandas como sociedade e também por causa do uso cada vez maior da tecnologia.

Por último, parece haver uma mudança na motivação por aprender: pelo fato de termos criado espaço para o indivíduo se especializar e contribuir mais para o coletivo, estamos presenciando mais indivíduos que utilizam sua autoconsciência, autocontrole e autoexpressão para determinar seus próprios objetivos de aprendizagem. Eles estão escolhendo suas próprias maneiras de aprender, o que, infelizmente, leva a um crescente ressentimento de parte da educação tradicional e das escolas como instituições arcaicas. Neste capítulo, observaremos tais manifestações tradicionais de treinamento e educação. O que elas oferecem e como isso se encaixa nas demandas de mudança propostas pelo *Homo zappiens*?

O que pode hoje ser visto na educação é uma luta; uma luta para encaixar a nova tecnologia em um velho modelo; uma luta até mesmo para servir às demandas de mudança da sociedade no modelo existente. E essa luta não está obtendo resultados. Com isso, não estou dizendo que não haja muitos exemplos de implementação exitosa de ambientes de aprendizagem eletrônica (ELEs) ou de treinamento baseado em computador (CBT). Com certeza, há muitos exemplos de professores que ainda dão aulas muito interessantes. E a maior parte das escolas tem seu modo de lidar com a presença inevitável da internet e da riqueza das informações *on-line*, fazendo com que seus alunos obtenham suas informações a partir da internet em vez de utilizarem a biblioteca da escola. É provavelmente verdade que toda escola hoje tenha um ou mais computadores. Contudo, isso é muito pouco, e muito lento.

Você se lembra do surgimento da TV em cores? Ou, mais recentemente, da internet? Falemos dela. De maneira engenhosa, conseguimos desenvolver uma nova tecnologia que de fato possibilitasse que fizéssemos coisas muito divertidas: podemos enviar *e-mails*! Sim, isso mesmo: o primeiro uso dos primórdios da internet foi a comunicação por meio da rede. E então o que fizemos? Descobrimos que podíamos usá-la para substituir todos os tipos de tecnologia existentes, e a internet tornou-se a biblioteca *on-line* e depósito de dados de todo o mundo, ou, para alguns, cínicos, uma loja de vídeos pornográficos. No processo, simplesmente esquecemos que o valor da rede está de fato em sua capacidade comunicacional. Claro, mantivemos o *e-mail*; mas não fizemos uso dos pontos fortes da internet; em vez disso, dedicamos nosso tempo a pensar sobre o seu potencial, ao mesmo tempo usando gradualmente nossa nova tecnologia para aumentar a eficiência das aplicações existentes.

Enquanto isso, qualquer coisa e qualquer pessoa que não dispusesse de alternativas encontrou sua voz na internet: a já citada pornografia que se esconde sob o anonimato, grupos que compartilham distribuição ilegal de *software*, músicas, filmes, e também minorias oprimidas e os assim chamados terroristas. Um texto que circulou no começo da internet foi o *Livro de receitas do terrorista*. Em geral, presenciamos o lado mais escuro e oprimido da sociedade conduzir o desenvolvimento da comunidade da internet.

Na educação, vimos a mesma coisa acontecer. A maior parte do sistema educacional ainda está baseada em valores tradicionais. É bom que esteja, pois se parássemos muito repentinamente e mudássemos tudo, teríamos uma grande bagunça para organizar. A sociedade não foi feita para lidar com mudanças grandes e repentinas da mesma forma que uma grande massa precisa de uma grande força para mudar seu vetor de velocidade. E é ruim que isso seja assim, pois se a sociedade começasse a mudar agora, poderíamos de fato mudar com ela, pois, apesar de a maior parte das pessoas ainda não usar o potencial total da internet, a mera existência daqueles que podem usar, a nossa geração mais jovem, está conduzindo a demanda.

No capítulo anterior, discutimos como as pessoas estão cada vez mais tendo controle sobre suas próprias vidas e sobre a aprendizagem, e como vemos isso em nossa geração mais jovem. Apresentamos-lhe a história do *Homo zappiens*, jogando alegremente, conversando na internet, zapeando e realizando múltiplas tarefas em meio a selvas virtuais *on-line* que a sociedade logo chamará de “minha casa”. Explicamos como o *Homo zappiens* está de fato aprendendo habilidades muito críticas para suas contribuições futuras para a sociedade, embora o que o vemos fazendo são atividades aparentemente não-classificadas, portanto, inúteis. Podemos optar por ver esse fenômeno de buscar ativamente as habilidades necessárias para se tornarem solucionadores de problemas, modernos, digitais e criativos como algo temporário ou como o começo de uma grande mudança. Se é apenas temporário, podemos de fato apenas continuar o caminho anterior. Mas e se isso for apenas o começo? Podemos negligenciá-lo?

Estamos acostumados a saber o que é melhor para nossas crianças. Temos de protegê-las do grande, e mau, mundo da vida, até pelo menos o momento em que tenhamos tanta certeza quanto possível de que elas são capazes de se governarem, assim como nós. Isso quer dizer que desejamos que elas apresentem as mesmas características que nós mesmos apresentamos; queremos reconhecer tais características e habilidades. Então lhes dizemos o que fazer, verificamos se elas estão fazendo tudo certo e corrigimos quando necessário. Uma abordagem um tanto útil e divertida – se estivéssemos clonando a nós mesmos. Vemos a puberdade como um mal necessário, em que nossos filhos aprendem a distinguir suas próprias habilidades. Gostaríamos que eles se rebelassem menos e que aceitassem nosso conhecimento e julgamento. Quantas vezes essa percepção de que os pais de fato queriam o melhor e estavam com a razão vem por volta dos 30 anos?

Foi para o nosso bem que nossos pais e professores tentaram nos ensinar tudo o que havia para aprender. Se não estivéssemos em contato com muitos exemplos diferentes, se não tivéssemos conhecido a matemática, as ciências, as línguas, os esportes, a música, a cultura, o comportamento social, jamais teríamos sido capazes de desenvolver o modelo que hoje usamos para lidar com o mundo ao nosso redor. A única questão que poderíamos levantar seria: e se eu pudesse ter aprendido mais? Dado que podemos experimentar tantas coisas nos 18 anos que consideramos a infância, uma questão mais adequada talvez fosse: e se eu pudesse ter selecionado experiências mais interessantes?

A razão mais importante pela qual os seres humanos se desenvolveram desta forma é porque eles trabalharam juntos e compartilharam suas descobertas. De pessoa a pessoa e de geração a geração, as ferramentas, habilidades e conhecimentos mais úteis foram passados adiante e, no processo, desenvolvemos os valores e convenções que garantiram as implementações mais eficientes. Contudo, tais descobertas não foram feitas por indivíduos obstinados que estavam determinados a testar algo que era previamente desconhecido ou de que não se ouvira falar? Chamamos fatos como a descoberta da penicilina ou a invenção da roda de golpes de sorte. Alguém simplesmente esbarrou em uma descoberta e conseguiu ver seu valor. Esses indivíduos tinham, porém, algo em comum: eram todos mentes investigativas, que não só observavam o que era conhecido, mas buscavam o desconhecido, o que estava faltando; eles não tiveram medo de tentar, não tiveram medo de falhar. Talvez até tivessem um sentido inato de saber e estivessem buscando pô-lo em prática. Certamente, esses indivíduos não se restringiam às morais e às teorias de sua época. Não se sentiram obstruídos pelo conhecimento de que algo não era possível. Ao contrário, tinham uma visão jovem do mundo, como se o estivessem descobrindo.

Houve épocas em que a sociedade considerava as crianças como adultos que ainda não haviam crescido, tratando-as como tal. Elas já tinham um valor imediato e deviam agir de determinada maneira. Então, "descobrimos" que era muito melhor proteger as crianças e deixar que brincassem; dar a elas tempo para experimentar o que são, o que poderiam ser e como poderiam e queriam se desenvolver. Demos a elas nosso modelo do mundo em que estariam crescendo e chamamos isso de sistema educacional, o que conferiu a elas a disciplina, a informação e os valores que complementariam a experimentação e o brincar presentes em suas vidas. Isso ocorreu há pouco mais de cem anos.

Com o passar do tempo, passamos a valorizar trabalhadores dedicados e especializados, com descrição de tarefa específica, como as máquinas que empregamos para substituir as pessoas sempre que possível. Padronizamos a educação para que nos fornecesse as pessoas mais bem-treinadas. Demos a elas o todo o conhecimento e as habilidades de que precisavam para executar suas tarefas. Criamos estruturas, responsabilidades, padrões toda vez que podíamos, e pareceu, durante um tempo, que a ciência da administração era a mais importante, independentemente do lugar para onde olhássemos. Olhe para a ciência hoje: os pesquisadores estão carregados com uma cota de publicações a produzir. O que fizemos foi remodelar e melhorar nosso modelo até que ele fosse, em nossa opinião, o melhor modelo possível para o uso de uma criança. Enquanto fazíamos isso, tínhamos um determinado propósito em mente: tornar as crianças adultos produtivos. Criamos um molde em que poucas se encaixariam, mas que moldaria o resto delas. Esquecemos que a razão pela qual elaboramos modelos para as crianças era a de dar a elas um ambiente seguro para a experimentação. Durante um tempo, os benefícios superaram os efeitos negativos.

Estivemos durante algum tempo estudando a nós mesmos e o modo como poderíamos influenciar nosso condicionamento. A ciência do behaviorismo ensinou-nos que qualquer habilidade pode ser aprendida desde que haja estimulação suficiente (recompensa ou punição) e repetição. A teoria era limitada no sentido de considerar os seres humanos caixas-pretas, em que se condicionava a saída pela entrada, sendo o processo irrelevante. Para permitir uma melhor compreensão do que se passava na mente humana, a teoria do cognitivismo foi adotada. A teoria vê a mente muito como um computador moderno, em que o conhecimento é armazenado, processado e interconectado para criar um mapa mental associativo do mundo que cerca o indivíduo. A teoria sugere que se despejarmos informação suficiente em um indivíduo, ele se tornará onisciente.

Atualmente, ampliamos essa visão com a teoria do construtivismo, que supõe um papel mais ativo para o indivíduo no processo de aprendizagem. Podemos ativar um indivíduo fornecendo-lhe informação, mas também podemos dar espaço para que o indivíduo experimente com essa informação a fim de criar um conhecimento significativo a partir dela. O construtivismo social aperfeiçoou a teoria do construtivismo, enfatizando a interação da aprendizagem entre pares como componente fundamental no processo de aprendizagem. Como resultado, agora acreditamos que o conhecimento reside na negociação do significado entre os indivíduos. Mais recentemente, George Siemens (2004) apresentou o conceito de conectivismo, uma primeira e ousada tentativa de uma nova teoria da aprendizagem, centrada no papel das tecnologias de informação e de comunicação na aprendizagem. Em sua visão, a aprendizagem ocorre principalmente em uma rede de indivíduos conectados, em que o conhecimento também reside, repousando em uma diversidade de opiniões.

A influência das tecnologias é significativa, como diz Siemens (2004): "Muitos dos processos antes explicados pelas teorias de aprendizagem (especialmente no processamento de informações cognitivas) podem agora ser assumidos, ou realizados, pela tecnologia". Ferramentas (como os exemplos dados em destaque neste livro) que o *Homo zappiens* usa para a aprendizagem redefinem e remoldam o pensar. A consequência é que nosso comportamento na aprendizagem está mudando. Atividades cruciais de aprendizagem conectam uma grande variedade de nós das fontes de informação, tanto humanas quanto não-humanas. O conectivismo é uma teoria de aprendizagem que surge por tentar incorporar as consequências do ritmo cada vez mais acelerado da aquisição de informação e da mudança do conhecimento por meio das tecnologias.

Antes de as tecnologias da informação e da comunicação aparecerem em nossas escolas, David Kolb desenvolveu uma teoria que explica, em parte, por que uma abordagem padronizada para aulas expositivas ou para a aprendizagem baseada em projetos não parece funcionar para todos os indivíduos. Mencionamos essa teoria no capítulo anterior e vamos explicá-la brevemente aqui. Um indivíduo deve passar por vários passos em sua mente antes de aprender algo. Esses quatro passos são:

- Observar a experiência concreta.
- Refletir.
- Formar conceitos abstratos.
- Testar conceitos em novas (e relacionadas) situações.

Kolb sugere que em determinado ponto em sua vida, o indivíduo terá uma preferência pessoal por se concentrar em uma parte desse ciclo. Isso o leva a definir quatro tipos de personalidades de aprendizagem e quatro tipos de comportamento. A teoria configura um acordo com o construtivismo, mas o expande, mostrando uma necessidade crescente de individualização. Uma escola que baseasse sua educação na teoria de Kolb ofereceria um laboratório, um professor para contar histórias, um espaço físico e um fórum de discussões para os alunos, permitindo que eles decidam quando, o que e o quanto usar. Vemos projetos similares na teoria de aprendizagem não-linear e no planejamento não-linear de teinamentos baseados em tecnologia.

Considerar o indivíduo que aprende como alguém que pode ser, agir e responder de maneira diferente de seus colegas é algo que levanta algumas questões muito interessantes sobre a estruturação da educação de hoje. Por exemplo, se passamos pelo ciclo de quatro estágios, isso implica que as aulas expositivas são eficazes para apenas 25% de nossos alunos? Como a comunicação se encaixa no ciclo de aprendizagem, há assuntos que talvez possam ser aprendidos isoladamente? E, enquanto ainda ponderamos sobre essas questões, uma vez conhecidas as preferências de um indivíduo, poderemos confiar que elas serão as mesmas sempre? Ou prever quais serão as suas respostas e o seu desenvolvimento no futuro?

É interessante notar que, se olharmos para os avanços no modo pelo qual pensamos sobre aprendizagem e ensino, veremos uma tendência para o indivíduo e para a automotivação. No capítulo anterior, descrevemos o *Homo zappiens* como um aprendiz empreendedor; alguém que tem sua própria visão sobre o mundo e que usa os recursos de que dispõe (o que inclui, a propósito, professores e especialistas) para resolver um problema. Neste capítulo, atribuímos a "culpa" pelo progresso às pessoas que individualmente correm riscos, aos empreendedores. Com o desenvolvimento da tecnologia, criamos espaço para o indivíduo contribuir mais. Logicamente, estaremos discutindo novos métodos de treinamento do empreendedor no capítulo a seguir. O restante deste capítulo será dedicado a demonstrar por quê.

Sem querer colocar toda escola, faculdade, universidade ou centro de treinamento no mesmo saco, afirmaremos que a maior parte das instituições de aprendizagem hoje ainda está trabalhando com uma visão construtivista de educação. Você talvez se lembre que essa teoria sugere que o tempo, a atividade e o *input* são as três maiores variáveis que determinam nosso nível de aprendizagem e, assim, os mais experientes são logicamente os especialistas ou professores. Tais especialistas possuem um conhecimento que pode ser posto a serviço de muitos usos bons nas empresas e na comunidade. Assim, nosso sistema foi projetado para requerer o número mínimo de especialistas para educar os jovens que querem ou precisam aprender. Para fazer com que esse sistema funcione, nós o projetamos em torno de padrões de acompanhamento, controle e estimulação.

A nova tecnologia nos apresentou a mudança. Podemos agora acessar muitas informações e de maneira muito mais rápida do que antes. Nos últimos anos, observamos um uso cada vez maior da internet como era no início: um meio de comunicação. Já que tecnologia da computação invadiu todos os setores de nossas vidas, foi apenas lógico que ela não deixasse de fazê-lo com uma das instituições centrais com as quais somos confrontados desde a mais tenra juventude: as escolas. Desenvolvidos para empresas e escolas, os ambientes de aprendizagem eletrônicos, os sistemas de gerenciamento de aprendizagem, os sistemas de gerenciamento de conteúdos e mesmo os sistemas de gerenciamento do conteúdo da aprendizagem cresceram assombrosamente. Esses sistemas todos têm dois aspectos em comum: seu objetivo é o de colocar os processos de troca de informação em uma só plataforma e dar suporte à produção de modelos de distribuição. De maneira mais simples, esses sistemas visam captar informações e facilitar o seu uso, por exemplo, em cursos. Eles se encaixam muito bem em nossos sistemas educacionais e, assim, entram em contato com uma ampla base de clientes.

Muitas instituições educacionais implementaram agora sistemas de gerenciamento de aprendizagem comerciais baseados em princípios gerenciais, e não educacionais. Nos últimos cinco anos, pudemos ver uma mudança de paradigma no desenvolvimento de aplicativos de código aberto baseados na colaboração e compartilhamento, mais do que no planejamento e no controle. Com investimentos extensivos em sistemas de gerenciamento de aprendizagem muito confiáveis, as escolas e universidades deparam-se com um novo dilema: continuar a investir em sistemas prontos para o uso e desenvolvidos de maneira centralizada e que são difíceis de adaptar às necessidades do cliente institucional ou investir no capital humano para a customização de novas ferramentas de *software* e plataformas de aprendizagem.

O *Homo zappiens* com certeza optaria pela última possibilidade. A nova geração de aprendizes usa sempre o que há de mais novo e mais disponível, em versões beta ou gama. Eles adotam facilmente novos aplicativos que ajudam a fazer coisas conhecidas de maneira mais eficiente, mas principalmente por razões de poder fazer coisas que não conseguiam fazer antes. Preferem aprender em ambientes que coincidam com seu modo de se comunicar, enviar e compartilhar informação. O *Homo zappiens* adota desde o início novas ferramentas e plataformas, aplicando o que aprendeu na infância. O *Homo zappiens* vê a tecnologia como uma aliada e considera todas as possibilidades que ela oferece de fazer coisas antigas e novas. É por isso que novos aplicativos, como o *software* social, estão rapidamente se espalhando pelo mundo; as novas gerações de usuários entendem o significado dos novos meios de comunicação, compartilhamento e colaboração.

Outro assunto diferente, e até engraçado se você pensar a respeito. Incorporamos o conceito de estímulo comportamental em nossa educação. Esse estímulo abre a possibilidade para recompensas e punições. Esperamos que os indivíduos experimentem a recompensa como parte essencial do sistema e, assim, grande parte do nosso foco está em punir comportamentos que fujam ao padrão. Incentivamos as crianças a chegarem na hora para as aulas, mas punimos aqueles que chegam atrasados com um "tempo de qualidade" extra. Esperamos que os alunos desenvolvam seu próprio potencial para a resolução de problemas e depois punimos aqueles que copiam dos outros. Damos aos empregados a oportunidade de se desenvolverem e depois os obrigamos a participar. Parece que estabelecemos uma maneira negativa de dar retorno.

Também, ao mesmo tempo que fazemos cara feia para os alunos que copiam dos outros, valorizamos os trabalhos que citam outras obras. Embora esperemos que os alunos sigam regras e exemplos, que sejam disciplinados, recompensamos os empregados que são inovadores no que diz respeito a suas carreiras, obtenção de salários mais altos e mais liberdade. O retorno que oferecemos na educação não parece refletir o que esperamos dos indivíduos na sociedade. Não é de admirar que o *Homo zappiens* já tenha declarado que o sistema escolar é um lugar "em que se aprende tudo o que não se precisa no mundo real".

Voltemos à situação que já descrevemos: como a educação foi, certa vez, um complemento para a vida repleta de brincadeiras e experimentações das crianças. Gostaríamos de voltar a uma situação em que as crianças são tratadas como adultos e em que se espera que elas contribuam para a sociedade? Deveríamos continuar a proteger as crianças do mundo que está a nosso redor, fazendo com que a confrontação seja mais abrupta quando elas tiverem 18, 20, 22 anos ou qualquer idade em que saiam de casa, obtenham um trabalho e comecem a construir suas próprias vidas? Ou devemos dar atenção maior ao brincar e à experimentação, desafiando-as a contribuir com aquilo que parece mais apropriado e de acordo com seus talentos e paixão? Tal discussão sobre educação vai muito além do próprio processo de aquisição de conhecimento por parte dos indivíduos e grupos de indivíduos. As novas tecnologias de aprendizagem estão atualmente incentivando discussões, já que o uso das tecnologias de informação e comunicação está intimamente ligado aos fundamentos de nossos conceitos de aprendizagem e de escolarização. Como o ato de aprender está virando uma atividade que dura a vida toda, não mais podemos preparar as crianças para obter um certificado que lhes garanta um trabalho vitalício. O valor do conhecimento está mudando e também nossos objetivos. "Saber o quê" não é mais a meta mais importante. "Saber como", "saber por quê" e "saber onde" são competências de maior necessidade. Se o *Homo zappiens* já está se preparando para a vida futura, adquirindo habilidades específicas e competências, o que as escolas fazem para que eles tenham um desempenho ainda melhor?

Alguém certa vez disse que os seres humanos só têm uma ideia original durante a vida. Por sua própria definição isso implica que o resto do tempo o que fazemos é copiar. Copiar é o que fazemos para continuar nossa existência como espécie; também podemos chamar isso de transferência de conhecimento e de habilidades. Se a meta de um indivíduo na vida é encontrar aquela coisa que possa de maneira singular contribuir para o coletivo, será que então o resto de sua vida não deveria estar centrado na aprendizagem voltada ao uso desse potencial, à descoberta das habilidades, do conhecimento e dos valores que em última análise capacitam a criação dessa ideia? Se o processo criativo excede o processo de cópia em importância, se o indivíduo e o que ele produz é mais importante do que o coletivo pode produzir, se as descobertas e a aprendizagem são as atividades importantes e a educação atua como facilitadora, por que estamos tentando parar a montanha-russa do progresso?

6

O QUE AS ESCOLAS PODERIAM FAZER

"Os analfabetos do século XXI não serão os que não souberem ler ou escrever, mas os que não souberem aprender, desaprender e reaprender."

Alvin Toffler

Durante cinco capítulos estivemos lhe apresentando ideias; talvez algumas já fossem conhecidas e outras nem tanto assim. Destacamos algumas tendências que colocam o *Homo zappiens* em cena e demonstramos alguns dos desafios que a sociedade terá ainda de enfrentar para aceitá-lo integralmente. Prometemos dar-lhe a oportunidade de refletir sobre o papel da educação e da aprendizagem na sociedade de hoje. Neste último capítulo, amarraremos alguns dos conceitos que abordamos aos desafios com que nos deparamos: daremos a você nossa visão sobre as mudanças necessárias em nossos sistemas educacionais e em nosso pensamento, a fim de acomodar o *Homo zappiens*.

Antes de continuar, reafirmamos que nossa intenção não é a de impor nossas ideias. Desejamos que você tenha oportunidades de melhoria na aprendizagem e na educação, tanto quanto seus filhos ou alunos. Se, depois de ler, você ainda tiver dúvidas ou contra-argumentos à nossa visão ou solução, por favor não as ignore: compartilhe-as conosco. Sabemos que os sistemas atuais de educação passaram a existir por uma determinada razão e que eles tiveram um papel importante quando precisávamos da educação em massa para uma sociedade centrada na produção. Neste livro, demos a você uma visão das mudanças com que nos confrontamos. Se você não acredita que a mudança seja necessária, por favor não dedique mais tempo a ela. Por outro lado, se você acha que devemos mudar alguma coisa, não se sinta desestimulado se nossas sugestões não estiverem em perfeita consonância com o que você pensa. Como última observação, gostaríamos novamente de recomendar a visita a nosso *site* (www.homozappiens.nl), que servirá como uma plataforma e oportunidade de discussão sobre os tópicos da aprendizagem, educação e progresso tecnológico.

CENÁRIOS PARA A EDUCAÇÃO FUTURA

Presumimos e desejamos que nossas visões não sejam apenas fantasias, mas que recebam apoio de outras pessoas. Assim, pensamos que as escolas deveriam se encaixar na sociedade a que servem, e, por isso, projetar escolas para o futuro é algo que se deve fazer tendo em mente os avanços da sociedade. O problema todo é dispor ou não de precognição: alguns alegam tê-la, embora ninguém possa provar. Um método bem-conhecido, e de uma natureza bem-pensada, no lidar com a incerteza futura é o desenvolvimento de cenários, que são futuros quadros possíveis, retirados das tendências atuais e de nossas expectativas. Tendemos a depositar maior confiança em cenários que são sustentados por especialistas reconhecidos (como ocorre com boa parte das informações).

Gostaríamos agora de apresentar dois conjuntos de cenários, desenvolvidos por outras pessoas, independentemente. Os cenários são projetados ao redor de eixos, que indicam os dois extremos de uma tendência ou desenvolvimento. Quando dois ou mais eixos são combinados, temos o desenvolvimento de um cenário.

A Figura 6.1 demonstra um quadro bem-conhecido de cenários, em geral descrito como "Os Cenários de Edimburgo", apresentados pela Scottish Enterprise. Tais cenários foram desenvolvidos nos meses anteriores ao encontro da eLearn International 2004. As duas tendências escolhidas (ver Figura 6.2) para formar os cenários de Edimburgo são, por um lado, o papel da tecnologia na sociedade e, consequentemente, a velocidade de adoção de novas tecnologias e, por outro, o equilíbrio entre poder, estabilidade e mudança na sociedade. Os cenários tentam pintar o quadro de como seria a sociedade se as mudanças de hoje continuassem a ocorrer e nós tivéssemos de considerar duas variáveis, os dois eixos. No extremo de ambos os eixos encontraríamos quatro cenários, que discutiremos em breve.

No lado esquerdo inferior da Figura 6.1 está o que foi chamado de "De volta ao futuro". Imagine se o papel da tecnologia na sociedade continuasse a ser uma fonte de frustração para a maioria. As pessoas provavelmente não quereriam usar a tecnologia, pois isso exigiria que aprendes-

Figura 6.1
Os cenários de Edimburgo

sem como usá-la, e também, com frequência bastante grande, como resolver problemas tecnológicos. A tecnologia não-confiável é inútil. Apenas a tecnologia já provada e testada encontraria espaço em nossa vida cotidiana. Quando a sociedade apega-se à certeza em tempos de mudança, os poderes tradicionais mantêm sua influência e suprimem o surgimento de novas iniciativas. A consequência: a aprendizagem seria em grande parte como é hoje; as experiências de aprendizagem seriam previsíveis, gerenciadas e padronizadas.

Na parte superior esquerda da Figura 6.1, tem-se o seguinte: caso aceitássemos a incerteza tecnológica e começássemos a experimentar e a usar muitas das novas invenções logo que elas surgissem, veríamos o surgimento de rápido progresso tecnológico. Pelo fato de as instituições e corporações estabelecidas ainda terem poder, veríamos a tecnologia ser usada principalmente para ganhos eficientes, com alguns poucos e grandes *players* dominando o mercado e estabelecendo padrões. O nome que esse cenário recebeu foi o de "Virtualmente banal". Nesse cenário, os aprendizes colheriam os benefícios da tecnologia em sua aprendizagem, pois

Incertezas críticas

• Aceitação parcial • Adoção fragmentária • Frustração com a tecnologia • Vai contra as necessidades	⟵ Aceitação e adoção da tecnologia na sociedade ⟶	• Alta aceitação • Adoção ampla • Capacitação por meio da tecnologia • Alia-se às necessidades humanas
• Convencionais • Institucionalizadas • Centralizadas • Estabelecidas	⟵ Fontes de poder, de influência e de novas ideias ⟶	• Não-convencionais • Auto-organizadas • Descentralizadas • Emergentes

Figura 6.2
Os eixos dos cenários de Edimburgo

uma aprendizagem mais eficiente incluiria os princípios do "a qualquer hora e em qualquer lugar".

Na diagonal da figura, quando o medo da tecnologia persiste mas as oportunidades individuais deixam espaço para a mudança, vislumbra-se o cenário "Você escolhe". A tecnologia seria temida e não seria amplamente usada. Os poderes estabelecidos não receberiam confiança das pessoas, que se recolheriam ao conforto das comunidades locais, visando a um ambiente de sua confiança. Por causa das diferenças em suas necessidades, crenças e experiências, haveria uma ampla variedade de usos da tecnologia na educação por parte de culturas e comunidades diferentes. Insatisfeitas com as práticas estabelecidas, as pessoas procurariam modelos e formatos educacionais.

Porém, se quiséssemos de fato adotar a mudança tecnológica e social e imergir completamente nas oportunidades que nos cercam, veríamos a sociedade passar à "rede de confiança" (parte superior direita da Figura 6.1). A sociedade se transformaria lentamente, sob a influência crescente da tecnologia, como tem acontecido há algum tempo. A importância das comunidades da internet para a vida cotidiana aumentaria, permitindo que as pessoas rompessem com velhos construtos. A comunicação global apagaria cada vez mais as barreiras geográficas e, como as informações poderiam ser supridas e acessadas por qualquer pessoa, cada indivíduo precisaria desenvolver a habilidade de discernir o valor delas. O que seria importante, valorizado e verdadeiro se tornaria uma questão de negociação e, assim, pode-se dizer que o conhecimento, enquanto produto da valorização da informação, residiria nas redes de comunicação entre os indivíduos. O mundo estaria cada vez mais interconectado e a rede de cada um seria formada pelas pessoas em quem confiasse. A educação veria então os benefícios das mudanças na tecnologia e o surgimento de iniciativas para a criação da diversidade e da livre escolha, tornando a aprendizagem uma experiência desejada, divertida e individual.

Pelo que se viu nos quatro cenários anteriores, talvez já esteja claro que nenhum deles existirá em sua completude, mas que já podemos ver algumas pequenas frações de cada um ocorrendo no mundo de hoje. De fato, esta é a força trabalho de elaboração de um cenário: ele permite que se tenha um modelo para escolher e cujas mudanças você ache mais importantes, bem como se tenha um modelo para seguir em uma suposição que se faz a fim de descobrir possíveis implicações. Escolher a direção a que a mudança provavelmente nos levará fará com que pelo menos se tenha uma orientação para moldar decisões.

Antes de comentarmos outros cenários e explicarmos nossas escolhas, considere o seguinte conjunto de cenários. Eles foram desenvolvidos para o *E-merge*. O *E-merge* é um consórcio de várias instituições de educação superior da Holanda, incluindo a Universidade de Tecnologia de Delft. O *E-merge* visa cooperar na área de facilitação tecnológica da educação. Há poucos anos, os parceiros desse consórcio elaboraram um cenário de estudo como base para a elaboração de políticas e pesquisas futuras (van Staalduinen, 2004). Da mesma forma que ocorre com os cenários de Edimburgo, o estudo incluiu uma revisão de tendências e de opções mais prováveis, de acordo com especialistas; isso levou aos cenários da Figura 6.3.

A primeira tendência significativa que se discerniu na pesquisa é a de se a educação cederá o controle das trajetórias de aprendizagem aos alunos ou se manterá o controle dos currículos em nível institucional. A segunda tendência é a continuidade da aprendizagem que ocorre na vida de uma pessoa: podemos considerar a aprendizagem que ocorre durante toda a vida e a aprendizagem centrada na obtenção de diplomas como extremos desse eixo. Ao contrário dos cenários de Edimburgo, pode-se notar como esta pesquisa dá como certo o progresso tecnológico e a sua adoção. Projetando quatro cenários em torno das trajetórias educacionais e das

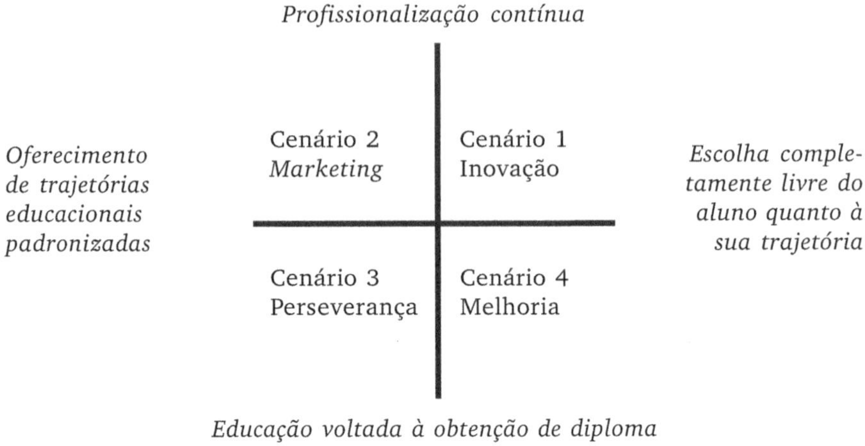

Figura 6.3
Cenários da *E-merge* para o futuro da educação

necessidades da sociedade em relação à aprendizagem, chegamos às seguintes (quatro) opções.

No canto inferior da Figura 6.3, vemos o cenário 3, chamado "Perseverança". Por meio do progresso da tecnologia, o consórcio *E-merge* manteria uma oferta de trajetórias educacionais padronizadas em pacotes fixos, repetindo, em boa parte, o que a maioria da educação faz hoje. A influência da tecnologia estaria limitada a aumentar a eficiência da educação, com os ambientes eletrônicos facilitando a administração e distribuição da educação tradicional. Pode-se facilmente ver a semelhança entre este cenário e o cenário "Virtualmente banal".

À direita, temos o cenário 4, o da "Melhoria". Aceitando uma boa dose de liberdade para os alunos fazerem suas própria escolhas, seria lógico permitir que eles tivessem o mesmo grau de liberdade para escolher o currículo. Para permitir uma oferta diversificada na educação, a tecnologia seria usada para desenvolver novos formatos de educação e para tornar as ofertas de hoje mais eficazes. Os alunos receberiam ainda alguma forma de certificação/diplomação e depois de completarem o caminho de educação escolhido por eles próprios, entrariam na vida profissional com um conjunto especializado de habilidades pessoais.

Seguindo-se para a diagonal oposta, temos o cenário 2, o do "*Marketing*". Percebendo que a aprendizagem não para depois do 25 anos (ou dos 30), a educação superior desistiria da certificação/diplomação das trajetórias fixas e começaria a operar com as corporações para oferecer redes de aprendizagem e, por exemplo, eventos de treinamento para empregados corporativos. O conteúdo dos cursos seria atualizado continuamente pelas instituições educacionais e as companhias receberiam o melhor treinamento atualizado para seus empregados. A tecnologia poderia servir para facilitar essa troca, de maneira que os empregados não mais precisassem de uma semana de folga para fazer um curso. Os aprendizes individuais teriam de selecionar um de muitos caminhos pré-escolhidos para o seu próprio desenvolvimento.

O último cenário é o que se chama "Inovação". As instituições não só aceitariam a necessidade da aprendizagem que se dá durante toda a vida, mas também a pedagogia teria percebido a necessidade de trajetórias estabelecidas de acordo com a demanda, individuais e diversificadas. A tecnologia é usada para capacitar os novos formatos e as novas redes de distribuição, já que a fusão dos mundos corporativo e acadêmico leva à criação de "caminhos de aprendizagem corporativos-educacionais para a vida toda". A aprendizagem se torna de última geração e é personalizada.

Outros conjuntos interessantes de cenários para o futuro da educação incluem os cenários OECD (2004), que podem ser encontrados no relatório *Schooling for Tomorrow*, e outros cenários desenvolvidos pela National Education Association, dos Estados Unidos. Um *link* para ambos está em nosso *site* (www.homozappiens.nl), onde você pode também criar seu próprio conjunto de cenários. O relatório OECD aborda assuntos como "adolescência ampliada" e o papel, aparentemente em queda, da educação tradicional na sociedade, a necessidade de prestar atenção a saber "por que, como e quem", além de saber "o quê", e também de prestar atenção ao papel das escolas na sustentação da vida e dos valores comunitários. O relatório identifica um eixo de desescolarização, reescolarização ou manutenção do *status quo* e estabelece dois cenários para cada. Quando se mantém o *status quo*, sem problemas que valham a pena mencionar, prevê-se um aumento das TICs (tecnologias de informação e comunicação) nas estruturas existentes para aumentar a eficiência. Um expoente negativo desse cenário talvez seja uma diminuição do número de professores, o que criaria uma drenagem de fundos e de infraestrutura e inovações no campo das TICs. Por causa das pressões, o sistema pode ou se romper ou demonstrar alguma resposta altamente inovadora.

A reescolarização é uma tendência em que se cria uma nova posição das escolas na sociedade. Esse fato poderia estar centrado em uma de duas coisas: ou as escolas são vistas como um elemento vital na rede social e se desenvolverão visando incluir mais metas não-cognitivas em seu currículo, ou continuarão a focar muito fortemente o conhecimento e a especialização como organizações de aprendizagem e pesquisa. Em ambos os cenários haveria concordância de que há uma necessidade de mudança na abordagem atual, mas ambos manteriam a ideia de que as escolas como instituições têm uma função. Por último, o relatório identifica dois cenários que reconhecem que a necessidade das instituições de ensino está declinando. Em um quinto cenário, as redes de aprendizagem surgiriam em uma sociedade de redes, em que a autoridade e a responsabilidade pela escolarização são compartilhadas entre a rede comunitária. As TICs obviamente trariam como decorrência a aplicação extensiva da capacitação da aprendizagem individual e da escolarização em casa. Um último cenário identificado é o da desescolarização, conduzida pela influência crescente do mercado. Um número maior de ofertas de escolarização ingressa em um mercado desregulado e, como resultado, o tamanho das escolas diminuiria, permitindo maior diversidade nas rotas de aprendizagem. A oferta e a procura corporativa podem passar a dominar o conteúdo das trajetórias de aprendizagem e a natureza das avaliações.

Nos cenários da NEA (National Education Association, 2006), esse mesmo eixo de qualidade *versus* mercado se desenha. No lado instigado pelo mercado, os sistemas educacionais podem desenvolver aspectos tais como um cartão de débito educacional (um cartão que dá livre acesso a uma certa quantidade de aprendizagem), apresentadores profissionalmente treinados como palestrantes e pesquisadores dedicados que oferecem seu conhecimento e ensino. Esses sistemas talvez se desenvolvam em forma de pirâmide, já que uma maior escala de eficiência e uma diminuição do número de professores provocaria o surgimento de cursos feitos por computador para o nível básico de conhecimento, em que os estudantes de alto nível ensinariam os alunos de níveis mais baixos até que finalmente apenas os alunos de nível mais alto seriam ensinados por professores. Em todos os aspectos da educação, o ensino, o conteúdo, a administração e a infraestrutura, a eficiência e a terceirização seriam a norma, não a exceção.

Os cenários influenciados pela qualidade estão centrados na convicção de que o governo deveria dar acesso à educação superior para todos (por meio de empréstimos). Nesses cenários, vemos uma grande quantidade de cooperação surgir entre os institutos de educação superior quando eles juntos tentam lidar com o aumento no número de alunos. Os alunos podem ganhar mais anos de estudos pela execução de serviços comunitários. Como resultado da cooperação e da eficiência, o nível mais alto em que as instituições educacionais operarão em escala global e na infraestrutura local servirá apenas para facilitar o trabalho de laboratório e um ambiente social; os alunos não precisariam viajar para obter um curso dado por alguma instituição estrangeira. Trabalhadores que quiserem se atualizar terão acesso a uma grande quantidade de material *on-line* e, consequentemente, cursos com aplicabilidade mais ampla custarão pouco, tendo o conhecimento especializado menos compradores e um preço mais elevado. As carências de professores podem ser suplantadas pela contratação de profissionais aposentados.

Como reflexão sobre os cenários mencionados, gostaríamos de oferecer nossa visão sobre eles e nossas escolhas. Apenas os cenários de Edimburgo consideram a possibilidade de uma aceitação relutante da TIC na sociedade, enquanto todos os outros consideram o progresso tecnológico algo dado, embora seu uso possa variar. Como já vimos o *Homo zappiens* ingressar na sociedade e sabemos que essa geração não tem medo algum da tecnologia, suspeitamos que é bastante provável que o aumento da cooperação global e as redes *on-line* continuarão. Pessoalmente achamos que a sociedade continuará a educar seus jovens, embora isso não necessariamente se dê por meio das instituições ou do governo. Em boa parte, contudo, o que nós, como sociedade, consideramos importante se tornará (ou permanecerá) responsabilidade do governo.

Com a importância cada vez maior da aprendizagem em nossas economias, nada mais natural do que o fato de as organizações comerciais aumentarem sua fatia de mercado nas ofertas de ensino. Embora a educação (pública) possa começar a procurar caminhos mais diversificados para o ensino, cada caminho em separado pode ser oferecido de maneira mais barata e mais eficiente por meio de empresas de treinamento. Na educação superior, as universidades e o mundo corporativo podem bem convergir para um modelo de fundo privado de instituição educacional como uma rede social de pesquisadores e especialistas. A educação fundamental, média e superior continuará a se concentrar principalmente no desenvolvimento do sentido de ser da criança. Nas primeiras fases de desenvolvimento, é importante que cada pessoa aprenda a reconhecer seus próprios pontos fortes e fracos, preferências e motivações. É nessa fase que a interpretação de papéis e o brincar podem se tornar um excelente acréscimo ao ensino. Das idades de 3-4 a 18-21, a educação aos poucos e lentamente apoiará o indivíduo em suas experiências de conhecimento, habilidades e valores para que ele seja responsável por seu próprio direcionamento na aprendizagem. Continuaremos a discutir os elementos necessários para tal educação mais adiante neste capítulo.

Os cenários descritos todos visam prever o período que vai de 2011 a 2020. Eles também estão no ponto máximo de sua contribuição e muito provavelmente não se realizarão completamente. Pensamos, por exemplo, que, no caso dos cenários de Edimburgo e *E-merge*, a sociedade passará para o lado direito superior dos esquemas, com os sistemas educacionais lembrando mais uma mistura em rede, diversa e inovadora, de ambientes acadêmicos e corporativos. Pensamos que seja mais provável, ou pelo menos preferível, que a sociedade desenvolva uma mistura de escolas e de iniciativas de ensino em casa, já que algumas crianças exigirão disciplina e outras poderão apenas precisar dos recursos básicos e de pouco estímulo. Em vez de certificados, pode-se pensar em uma espécie de orientador pessoal de carreiras que avalia as escolhas das crianças e que estabelece tarefas para seu desenvolvimento.

O *DESIGN* PEDAGÓGICO DA APRENDIZAGEM DO FUTURO

A educação sempre tratou da preparação dos indivíduos para seu papel na sociedade. Ao longo da última década, a primazia da educação formal decaiu porque agora vemos o surgimento de uma aprendizagem que se estende por toda a vida e da educação informal, assim como de novas áreas de aprendizagem, que assumem um papel maior nas vidas dos indivíduos. Formas de treinamento feitas no emprego, o desenvolvimento pessoal de planos e de cursos de competência para novos gerentes tornaram-se um lugar comum em ambientes corporativos. Foram-se os tempos em que um determinado diploma qualificava a pessoa para determinados trabalhos, mas dizer que a educação está necessariamente fadada ao fracasso é um exagero. O que aconteceu, na verdade, é que a sociedade está mudando tão rapidamente e há tanto espaço para inovação e para contribuições individuais que nosso velho sistema não mais é suficiente. O resultado é que muitas pessoas já qualificadas continuam a se especializar, desenvolvendo seus talentos e habilidades enquanto trabalham.

A fim de que a educação seja capaz de atender às demandas de amanhã, os professores terão de considerar sua tarefa de educar a juventude de uma nova maneira, contribuindo de maneira significativa para a sociedade. Em vez de proteger as crianças de um mundo mau, deveríamos estimulá-las a explorar esse mundo, como se estivessem atreladas a uma corda que permitisse voltar com segurança quando necessário. A maior parte das crianças demonstra ser muito mais investigadora do que seus pais esperam ou podem aguentar, mas é nessa fase que elas mais aprendem sobre a vida. Por que impedi-las? Se não quisermos impedi-las, quais seriam os princípios em que basearíamos a educação no futuro? Que princípios gerais deveriam sustentar nosso sistema educacional? A seguir, apresentamos sete princípios para a educação do futuro (Veen e Jacobs, 2005). Eles não se referem especificamente aos usos da tecnologia da educação. São princípios genéricos que são muito mais fáceis de alcançar quando se usa a tecnologia.

O primeiro grande princípio na projeção da educação do futuro é a *confiança*. Não só a confiança que o aluno precisa para investigar de maneira segura ou a confiança de que se necessita para aceitar informações como algo acurado, mas, de modo mais significativo, a confiança que um professor precisa ter de que seu aluno irá aprender. A educação tradicional tem sido um sistema de desconfiança, dando como certo que as crianças devem ser controladas e avaliadas de acordo com suas deficiências, e não de acordo com suas conquistas. Então não surpreende que, terminadas as aulas, os alunos saiam correndo da sala de aula e deixem a escola o mais rápido possível. Contrário a isso, há pouco deparei-me com uma escola holandesa em que os alunos protestavam contra o fato de a escola fechar nos feriados! Essa foi uma experiência e tanto; os alunos queriam ir à escola para encontrar seus colegas e aprender. Devo dizer que essa escola é inovadora e, nela, a motivação intrínseca é a força que guia a aprendizagem. Mas considere-se outra falta de confiança: as crianças eram rotuladas de ignorantes ou de idiotas quando não se conhecia a dislexia; ou as crianças que, ainda hoje, sofrem de déficit de atenção e, por isso, são rotuladas de preguiçosas ou como um estorvo, exigindo-se que frequentem escolas especiais pelo fato de não serem controláveis na sala de aula. Também se desconfia do *Homo zappiens*, pois muitos professores ainda pensam que ele copia informações da internet e aprende superficialmente. A falta de confiança entre os professores e os alunos inibe a motivação e torna a aprendizagem mais difícil.

Suponha que você deixe uma turma de crianças pequenas decidir como e quando terminar suas tarefas, ficando você disponível para ajudá-las quando pedirem. Depois de alguns dias, talvez você perceba que alguns alunos precisam de uma orientação extra, mas muitos deles surpreenderão por completarem suas tarefas antes do que se esperava, tendo tempo livre para investigar outras coisas. Confie no fato que seus filhos ou alunos não são idiotas, e eles o surpreenderão. Confie que as crianças estão aprendendo quando jogam ou se comunicam, mesmo que isso não pareça verdade, e peça a elas para explicar o que aprenderam.

Um segundo princípio para a educação futura é a *relevância*. Para entender tal princípio, considere sua própria juventude: quando é que você de fato começou a gostar de história, geografia ou matemática? – quando você entendeu a relevância de tais disciplinas e reconheceu seu uso na vida cotidiana! Talvez quando você tenha entendido o jeito de seu avô quando ele falava da guerra, ou quando conseguiu prever quanto tempo uma viagem de carro para visitar um tio demoraria. Não é incrível que as crianças com más notas em matemática na escola não tenham problema algum ao usar um jogo de simulação como Roller Coaster Tycoon, que não é nada mais do que uma folha cheia de fórmulas e números? Será que elas teriam resultados melhores no jogo se soubessem matemática? Talvez. Será que elas teriam melhores resultados em matemática se alguém lhes dissesse que elas praticam matemática quando jogam no computador? Muito provavelmente! O princípio de relevância vai além de oferecer o conteúdo apropriado para conexão com a experiência dos alunos; trata-se de oferecer relevância nos métodos de ensino e também de avaliação.

Usemos o exemplo de duas crianças para demonstrar o terceiro e importante princípio. Uma criança é um intelectual que gosta de montar quebra-cabeças e resolver problemas de matemática. A outra adora trabalhar com as mãos. Ambas frequentaram a mesma escola de ensino fundamental, na qual os professores notaram a diferença entre elas. Ainda assim, as duas vão para a mesma escola de ensino médio e fazem as mesmas disciplinas no primeiro ano porque o governo assim decidiu. Seria uma grande surpresa se disséssemos que a primeira criança dá-se muito bem em cursos teóricos e abstratos e se sente bem na escola, ao passo que a segunda está seriamente desmotivada, com exceção das disciplinas técnicas e práticas? O que a educação tem feito há décadas é descobrir os pontos fracos do aluno e tentar consertá-los. O aluno que for muito bem em matemática talvez finalize as tarefas mais cedo, mas a educação centrará atenção nas deficiências gramaticais daquilo que ele tiver escrito em tais tarefas. Queremos tanto que "nenhuma criança seja deixada para trás" que chegamos a negar o fato de que possa haver caminhos diferentes para um futuro produtivo.

O terceiro elemento da educação futura é, em poucas palavras, o *talento*. Se você descobrir o talento de alguém e focalizar o desenvolvimento de tal talento, em vez de tentar remendar as falhas, terá muito mais sucesso no ensino, já que os talentos são aqueles aspectos de um ser humano em que ele pode ir além da média. Normalmente, o indivíduo sabe disso de maneira subconsciente e fica, portanto, mais motivado.

Se você perguntasse ao *Homo zappiens* por que ele joga tanto no computador, esperaria a seguinte resposta: porque é divertido. Porém, quando de fato perguntamos, a resposta é: porque é um *desafio*. Eles jogam porque o jogo é um desafio! Sua atenção e concentração em alguma coisa se deve ao fato de ela desafiá-lo. Até agora talvez tenhamos nos perguntado por que o mesmo *Homo zappiens* se distrai em aula ou na faculdade durante as aulas. Os alunos da Universidade de Tecnologia de Delft disseram recentemente que apenas 10% do que é dito nas aulas constitui informação importante e que eles em geral esquecem metade do que foi dito logo que saem da sala (Veen e Vrakking, 2006)! Compare esse fato às crianças que, na escola, começam a conversar com seus colegas durante as aulas, olham para a janela ou ficam fazendo tarefas relativas a outras disciplinas. Tudo isso ocorre porque o que está sendo dito não é interessante o suficiente ou porque a densidade da informação do meio em que estão é muito baixa. O que a educação deveria fazer é oferecer problemas verdadeiramente complexos para cada indivíduo. De acordo com os outros princípios, esses problemas devem se voltar aos talentos do aluno, ao mundo real que lhes cerca e dar espaço para cada criança errar e buscar ajuda. Desafie seus filhos e seus alunos!

Os próximos dois princípios pedagógicos seguem-se logicamente aos outros quatro. Caso seu objetivo seja desafiar as crianças, dar a elas espaço para errar, confiar nelas e dar relevância e atenção a seus talentos, é preciso fazer que haja imersão e que sigam suas paixões. A *imersão* é o que elas experimentam nos jogos de computador. Elas entram em mundos virtuais e se tornam parte deles. A imersão é muito importante para os alunos e não é tão difícil de se chegar a ela. Em vez de dar aos alunos aulas passo a passo em uma linguagem estranha a eles, deixe que eles penetrem em um ambiente de aprendizagem, tal como o dos recursos de multimídia, e deixe que trabalhem nesse ambiente durante horas e por muitos dias. Os professores de línguas me garantiram que aprender uma língua estrangeira pode ser fácil sem qualquer gramática durante os dois primeiros anos de estudo. Um número limitado de escolas já adotou essa abordagem de imersão no ensino de línguas, e boa parte dos alunos holandeses aprendeu inglês jogando no computador e assistindo à televisão. Eles têm muito mais conhecimento de inglês do que tínhamos quando estávamos na escola. A imersão deles consiste em começar a jogar, lendo textos enquanto uma trilha sonora toca ao fundo. Nada de abordagens passo a passo, apenas imersão.

A *paixão* é algo que os alunos terão de trazer. Se alguém não se apaixona por alguma coisa, em geral é porque não teve uma experiência que despertasse tal sentimento. As crianças que não se apaixonam por nada merecem toda nossa atenção. Precisamos ajudar a despertar tal sentimento. É aí que a descoberta dos talentos de cada criança entra em ação. Em geral as pessoas se apaixonam por aquilo em que se dão bem, desenvolvendo uma habilidade especial naquilo. Para os alunos que já se apaixonaram por algo, tudo o que temos de fazer é trabalhar essa paixão. Por exemplo, se quisermos que uma garota apaixonada por moda aprenda matemática, sobre a série de Fibonacci, por que não pedir a ela que desenhe uma peça de roupa ou mesmo uma coleção completa na qual ela possa demonstrar esse conhecimento e, além disso, exigir dela que, como desafio, se inspire na alta costura francesa do final do século XVIII? Peçamos também à criança que use um *software* de *design* e que ela nos apresente 10 exemplos de roupas similares antes de começar o trabalho. Com isso, a criança estará combinando a aprendizagem de matemática, francês, ciência da computação e história da arte, sem deixar de fazer algo de que gosta. A criança investigará diferentes tipos de conhecimento e, no processo, talvez descubra que há muitas coisas a aprender. De todos os princípios aqui relatados, a paixão talvez seja a chave da motivação, que é, como todos devemos saber, a chave para a aprendizagem.

Todos os princípios citados podem parecer difíceis de atingir. Como dar tarefas a uma turma de 30 alunos e uma aprendizagem voltada aos seus talentos e às suas paixões pessoais, tornar essa aprendizagem relevante, desafiadora e aberta à imersão o suficiente para que tenhamos os alunos motivados e atentos? Como é que se pode confiar que todos estejam aprendendo e que venham até você quando precisarem de orientação? Como lidar com 30 alunos diferentes? A resposta é *autodirecionamento*, o sétimo princípio. A fim de dar controle aos estudantes, os professores não podem continuar sendo os únicos responsáveis pelo que acontece na sala de aula. Os alunos também precisam ser responsáveis quando assumem o controle de suas trajetórias de aprendizagem. Os professores podem treiná-los, oferecer-lhes experiência e conhecimento quando eles decidem ir ao encontro disso e monitorar seu progresso, mas quando os alunos falham ou decidem que o caminho que tomaram não é o certo, isso será responsabilidade deles. Os alunos não fracassarão na vida por causa disso; ao contrário, talvez precisem de um tempo a mais para desenvolver uma competência de que careçam, antes de embarcar no caminho certo.

Muitos adultos podem encontrar exatamente o mesmo problema, mas quando isso acontece não há em geral um sistema educacional para orientá-los e eles devem então resolver seus problemas por conta própria ou buscar ajuda. Essas crianças teriam sorte se tivessem um pai ou professor que cuidassem delas, mas devem a todo momento aprender a lidar com problemas conforme se espera de um adulto. O *Homo zappiens* quer ter controle de seu processo de aprendizagem; é isso o que eles fazem todos os dias quando as aulas terminam. Para eles, não seria estranho se as escolas organizassem o autodirecionamento de uma forma que pudessem aprender no ritmo que querem, no lugar em que querem e com quem querem.

MUDANÇAS NAS ESCOLAS

O que você pode dizer dos padrões, exigências, currículos e qualificações? E das escolas tradicionais, com aulas e disciplinas e professores dedicados? O que dizer das universidades com professores, bacharéis, mestres e responsabilidades científicas? Já dissemos antes e repetiremos: se você não acredita que a mudança é o caminho, se você acha que o que se tem hoje é suficiente para o amanhã, não siga adiante. Contudo, não acreditamos que você estaria lendo este livro e este capítulo se não pensasse que o futuro pudesse ter algo melhor a nos oferecer. Para quem busca soluções, mudanças, sentimos desapontá-los: não dispomos de uma solução definida e clara; você terá de descobrir o que melhor se encaixa em suas necessidades. O que podemos oferecer são cinco elementos em que nossa escola "tradicional" talvez esteja obsoleta; cinco escolhas fundamentais a serem feitas quando projetar a abordagem de sua escola em relação ao futuro. Essas escolhas fundamentais todas se relacionam à flexibilidade. A flexibilidade das atividades de aprendizagem, de conteúdo, da formação de grupos e do ritmo. A tecnologia da informação capacita as escolas a fazer essas escolhas e a redesenhar sua organização. As escolhas são:

a) programas anuais
b) exames
c) currículos
d) janelas de tempo
e) disciplinas separadas.

As escolas estabeleceram padrões, limiares, que as crianças devem ultrapassar para avançar ao próximo nível ou ano. Isso é muito fácil de fazer para manter um grupo uniforme de conhecimento comparável, por exemplo, para um próximo nível de matemática. Em algum momento, pensamos que seria necessário que as crianças primeiramente soubessem o alfabeto para depois lerem. Contudo, considere o quanto uma criança disléxica sofreria ao não conseguir aprender o alfabeto com seus colegas. Ela teria de ficar no primeiro ano enquanto todos os colegas avançariam, embora fosse ela o melhor aluno em matemática e de longe o maior artista da turma. Cerca de 80% do que será ensinado já é sabido; talvez em uma boa escola permitam que essa criança tenha mais tempo para estudar línguas, mas isso poderia ter sido feito também sem que se rompesse com o grupo social em que ela estava inserida e se bloqueasse o seu conhecimento em matemática ou artes.

Considere o quanto algumas crianças podem estar à frente das outras na leitura, na escrita ou em matemática, mas carecendo das habilidades motoras necessárias para atividades criativas. Outras podem ter uma habilidade natural para a dança, teatro, música, moda ou humor e atividades relacionadas à sociabilidade. Por que uma criança deve se encaixar em ensino mais avançado do que as outras e por que não reconhecemos os talentos de todas as crianças? Por que, como sociedade, exigimos que todas as crianças estejam aptas em todas as disciplinas, em vez de estimulá-las a ter um bom desempenho em poucas e permitir que elas desenvolvam tais habilidades mais tarde quando delas precisarem?

Uma das primeiras escolhas que propomos que a educação faça é abandonar o **programa anual**. Se demandarmos que toda criança desenvolva um certo nível de, por exemplo, matemática, escrita, leitura e arte em determinada idade, não daremos espaço para que algumas habilidades se desenvolvam mais rapidamente do que as outras. Como consequência, não estamos aderindo aos princípios de organização da educação futura que prescrevem o autodirecionamento, a paixão e o talento. As consequências do abandono do programa anual poderiam ser as de que as crianças de 10 e 6 anos adquiram o mesmo nível de proficiência em matemática, e com o aluno de 6 anos ensinando o de 10. O contrário, o aluno de 10 ensinando o de 6, pode acontecer no ensino de língua ou de outras experiências que naturalmente se adquirem com a idade. Devemos gradualmente perceber que a criança mais velha nem sempre saberá mais do que a mais jovem. Os professores e alunos às vezes trocam de função, por exemplo, quando o assunto são os computadores, e talvez seja hora de permitirmos esse contato mutuamente benéfico.

Uma segunda opção, que está intimamente relacionada ao programa anual, é a dos **exames padronizados**. Pelo fato de, como sociedade, ainda exigirmos diplomas e exames, as instituições educacionais terão de implementar alguma maneira de chegar a essas certificações. O que queremos é que a sociedade de alguma forma compare as pessoas, mas o que temos hoje é um sistema que compara todos a um padrão ideal. Esse padrão só pode existir se houver uma média e isso implica que pelo menos *metade* das pessoas testadas tenham um desempenho inferior à média. Não há espaço para o diferente, para o diverso ou para quem se adapte melhor a outras áreas; simplesmente fazemos com que as pessoas tenham um desempenho inferior à média. E o que fazemos para resolver esse problema? Rebaixamos e mudamos os padrões de maneira que o limite obrigatório esteja suficientemente abaixo da média, a fim que quase todas as pessoas possam sair do ensino médio tendo realizado pelo menos alguns exames. Depois dizemos que, como sociedade, fizemos nossa tarefa educacional, e que é tudo agora com o indivíduo, quando na verdade pouco fizemos além de testar se ele estava capacitado em um número limitado de saberes.

Se nós, como sociedade, continuarmos a demandar que as crianças aprendam a descobrir e a desenvolver seus talentos e seu potencial desde uma idade muito tenra; se quisermos que as pessoas se especializem pelo que elas de fato se apaixonaram e pelo que sabem fazer bem, devemos oferecer espaço para que escolham e divirjam. Devemos abandonar nosso sistema padronizado de certificação e permitir outras formas de mensuração da qualidade. Alguns exemplos de alternativas são testes de emprego, análise de portfólio e exame de entrada. Todas elas colocam as escolhas e a responsabilidade no aprendiz, no candidato. Se você acha que finalizou seus estudos com resultados suficientes, poderá se candidatar a uma qualificação de ingresso em uma universidade ou candidatar-se a um emprego e deixar que a empresa determine sua aptidão, seja por meio de seu portfólio ou por avaliação interna. Muitos desses testes já estão ocorrendo; muitas empresas já têm testes de qualificação para admissão, a fim de lidar com a diversidade nos currículos nacionais ou universitários. De qualquer forma, assumimos a responsabilidade de livrar a maioria das empresas e universidades dessas avaliações, levando-as ao domínio público e chamando-as de "exames". Embora a causa possa ser nobre, também eliminamos o espaço para a divergência. Como resultado, alguém que tenha problemas e desista da escola tem pouca chance de atingir seu potencial máximo, mesmo se quiser. O quanto a sociedade estaria desperdiçando?

Passando a um terceiro princípio: o de que um currículo único, igual para todos, seria o correto. Se os exames (finais) são uma medida de avaliação da sociedade, então os currículos são a especificação de um padrão. Bem, não há nada errado em si com a especificação de um padrão, algo que é até mesmo benéfico na maior parte de seus objetivos. Então, o que contestamos é a noção de que um currículo só basta a todos. Leitor, você pode até nos chamar de doutrinadores de uma nova educação ou apenas de seres humanos que tenham uma visão de um futuro melhor, mas a diversidade é parte de nossa mensagem. Se quisermos incentivar a confiança, a relevância, o talento, o desafio, a imersão, a paixão e o autodirecionamento na educação, não poderemos fazê-lo sem a diversidade. Um currículo padrão não mais funcionará. Com isso, não estamos dizendo que não haja muitas alternativas. Observe as faculdades e universidades; veja as academias de treinamento ou consultores de treinamento profissional. Há uma grande variedade de cursos. Ainda assim, não conseguimos fazer com que tudo chegasse ao nível do indivíduo porque isso faz a administração algo um pouco mais difícil.

Se pararmos de considerar essa barreira de um ponto de vista de controle e começarmos a olhar para ela por meio da facilitação, poderemos ver as soluções possíveis que já estão disponíveis a nós. Os alunos poderiam, por exemplo, passar a registrar e acompanhar suas próprias realizações, e essa é a única solução de fato diferente. Qualquer sistema que considere tudo de uma perspectiva de controle, em que os professores distribuem créditos aos alunos pelos cursos que estes fazem, se dirigirá inevitavelmente para uma economia de escala, em que o processo de registro de realizações é centralizado, sendo, por isso, ou muito trabalhoso ou preso aos padrões estabelecidos.

O quarto ponto em nossa série de escolhas educacionais para a inovação diz respeito às janelas de tempo, em geral de 45 ou 50 minutos. Precisamos somente observar nossas vidas de adulto para compreender o quanto isso é ridículo. Quando você aprende uma língua, você mede o progresso em intervalos de 45 minutos? Quando você escreve um relatório, você mede os prazos em múltiplos de 45 minutos? Se você resolver pintar um quadro, dará o trabalho por acabado depois de 50 minutos? Não. E é isso o que ocorre nas escolas: a maior parte dos trabalhos não é feita em 45-50 minutos. É por isso que temos a famosa instituição da tarefa de casa.

Agora considere o que acontece quando você tem um dia de folga. Você senta, toma seu café da manhã, lê o jornal e pensa no que vai fazer durante o dia. Você por acaso se levanta repentinamente da mesa, vai até a garagem, pega sua bicicleta e sai a pedalar? Você cronometra seu treinamento para que dure exatamente uma hora e meia para que depois possa ter tempo para pintar? Você interrompe sua conversa ao telefone ao meio-dia porque tem de fazer seu curso *on-line* de espanhol? Mais importante do que isso, se você fizesse tudo isso, se sentiria satisfeito e completo ou apressado e incompleto?

Em geral, estabelecemos entre três e sete metas para nós mesmos para o dia e fazemos a melhor estimativa possível do tempo necessário para avaliar se é possível ou não realizá-las. Depois, planejamos e medimos o progresso pelos resultados. Por que ensinar nossas crianças de maneira diferente? Será que elas não perceberiam também essa discrepância? Se dividimos o dia em blocos de 45 minutos para dar a elas pequenos intervalos, por que temos de fazer com que se apressem para a próxima aula? Por que não deixar que as crianças decidam, elas mesmas, se precisam de intervalos e se querem mudar as atividades e os intervalos de tempo?

Aprender é um processo que toma tempo; às vezes um determinado indivíduo precisa de mais tempo para aprender algo. Completar uma tarefa em seu próprio tempo não é problema, mas por que não considerar todo o tempo que se passa na escola como sendo tempo de propriedade do próprio indivíduo? Se for preciso dividir o tempo em blocos, o único intervalo lógico é o do almoço. Não há razão lógica para que as crianças repentinamente façam algo muito diferente à tarde do que faziam na manhã. Assim, no que diz respeito às janelas de tempo, talvez devêssemos considerar o abandono delas completamente ou poderíamos fazer um planejamento lógico ou rítmico ao longo do ano.

Tendo considerado os programas anuais, exames padronizados, currículos e janelas de tempo, há ainda mais uma opção, achamos nós, que tem um grande impacto sobre como a educação será recebida. Essa quinta opção a ser feita pela educação atual é se devemos ou não abandonar as **disciplinas separadas.** Por que ensinar biologia, química, física e matemática como disciplinas separadas, quando, na vida real, essas áreas estão combinadas na, por exemplo, nanotecnologia ou engenharia mecânica? Por que ensinar artes e história separadamente de língua e matemática? Por que ensinar economia em separado de administração e organização? Se essa é apenas nossa maneira atual de tornar a teoria mais administrável, mais manejável pelos alunos, então deve certamente haver alternativas.

À medida que os cientistas se especializam, o campo de conhecimento estreita-se e então faz sentido ensinar apenas uma parte limitada do que há para conhecer. Ao mesmo tempo, isso significa dizer que temos literalmente centenas de milhares de pequenas disciplinas a ensinar. Olhando para as escolas secundárias hoje, em geral percebe-se o fato de que alguns professores que ensinam biologia e física também ensinam química. Então faria sentido combinar as disciplinas, não? Há outra razão para abandonar as linhas divisórias entre as disciplinas em favor de disciplinas mais lógicas, e essa razão é a implementação prática de projetos na educação: é muito mais fácil distribuir tarefas relevantes, em que haja imersão, que sejam adequadas aos alunos e que os desafiem a demonstrar as similaridades e a aplicabilidade de cada uma para determinado assunto. Quase nenhum projeto no mundo real está apenas voltado a uma disciplina científica. No que diz respeito à aprendizagem de uma língua estrangeira, é muito mais fácil aprendê-la em um projeto sobre a cultura e a história da língua que se aprende.

Acima, está o que consideramos serem os blocos de construção de uma nova educação e de uma nova escola. Pode ser difícil imaginar todas essas mudanças ocorrendo de maneira repentina, em especial quando organizações inteiras e muitos professores estão acostumados a um sistema de controle há tanto tempo. A não ser que comecemos a construir escolas a partir do zero, com pessoas que desejem se encaixar em novas organizações, teremos um caminho muito longo a percorrer. Mas enquanto tivermos em mente o porquê de estarmos nos dirigindo para essas mudanças e o que é que queremos conquistar, poderemos pensar em maneiras de gradualmente alterar nossas organizações e construir novas redes de alunos e professores, mentores e alunos. Uma rede de aprendizagem que não faça distinção entre idade e série, mas que considere todo indivíduo de acordo com seus méritos, habilidades e competências.

EXEMPLOS DAS MELHORES PRÁTICAS ATUAIS

As instituições de ensino que tiverem adotado pelo menos um desses construtos podem ser chamadas de inovadoras, pois todos eles estão juntos. Se você de fato quer implementar um desses sete princípios que descrevemos ou dar total sustentação a uma das cinco escolhas organizacionais, você, mais cedo ou mais tarde, será confrontado com restrições às outras. Assim, em última análise, quando você coloca em movimento as rodas do progresso, você continuamente enfrentará a opção de "parar ou ir adiante". Prossigamos pela demonstração de alguns exemplos desses princípios que já estão acontecendo hoje, fazendo uso de um artigo interessante de Martine Zuidweg (traduzido por Raymond Gijsen), publicado em outubro de 2002, sobre uma escola experimental que havia então começado: a escola Slash21 (/21 ou "Barra21"). É uma boa ilustração dos problemas e escolhas com que a educação de ensino médio na Holanda se depara, mas achamos que é de igual relevância para muitas escolas, na Holanda e em outros países, hoje.

A APRENDIZAGEM INOVADORA NA EDUCAÇÃO SECUNDÁRIA

Na escola Slash21, em Lichtenvoorde (uma pequena cidade holandesa entre Arnhem e a fronteira alemã), a maior parte do material de ensino é fornecido por computador. Nada de tarefa de casa, nada de livros. Os alunos compõem seu próprio plano de estudo. Três meses voltados a uma língua estrangeira, e depois três meses aprendendo outra. Os tutores assistem os alunos e os motivam. A escola /21 é a escola do futuro?

Na escola /21, as crianças não compram livros. Não há salas de aula nem as áreas tradicionais de estudo. Também não há dias escolares divididos nos tradicionais períodos de 50 minutos. Um jornal local chamou a /21 de "A escola do futuro".

Doreen Wieggers (de 12 anos) é uma aluna da /21. Ela diz que os alunos da escola Marianum, que fica perto da escola /21, estão verdes de inveja, especialmente seu irmão, que é aluno da quarta série na escola Marianum: "Quando meus pais o mandam fazer sua tarefa de casa, ele me olha com um certo ódio". Mas também há inveja em relação ao grande número de computadores na /21. A escola tem seis computadores para cada 10 alunos. As aulas já começaram há duas semanas [no meio de setembro de 2002]. Mas Doreen ainda tem a sensação de que ela ainda não começou a frequentar a escola. Uma amiga, que estuda na Marianum, pegou os livros já no primeiro dia do ano, e se sentia pronta para as aulas. Doreen diz: "Nós, não. Primeiro tivemos de descobrir o que exatamente deveríamos fazer".

TUTORES EM VEZ DE PROFESSORES

O currículo escolar na /21 não é decidido apenas pelos professores. Os alunos também têm de assumir responsabilidade por sua própria educação. Na escola /21, você não vê as crianças sentadas em fileiras retas, voltadas para o quadro-negro. Também não há mochilas cheias de livros no chão. Cada série tem uma ampla sala com várias ilhas, mesas com computadores dispostos em círculo – em que grupos de crianças trabalham em tarefas específicas. A cada mês, todos os alunos compõem seus próprios planos de estudo nos quais determinam o que farão no mês seguinte em relação a um determinado tema ou sobre a língua estrangeira que estão estudando. Nesses planos de estudo, as crianças também especificam o que não foi bem trabalhado no mês anterior e como elas pretendem lidar com o problema. Para cada criança, a escola dispõe de um acompanhamento eletrônico (portfólio), no qual elas próprias registram o que estão trabalhando. Os pais que disponham de uma conexão com a internet podem consultar o portfólio de seus filhos.

A escola /21 é uma iniciativa do Carmel College Foundation, um comitê regional escolar responsável por 21 escolas de ensino médio. Foi criada juntamente com o "KPC Group", uma empresa de consultoria educacional. O Carmel e o KPC queriam realizar uma mudança real na escola holandesa de ensino médio. Muitos pais também sentiram claramente que as coisas tinham de mudar: a escola /21 recebeu 190 matrículas de maneira imediata. "É notável que tantas pessoas optem pela incerteza de uma nova escola em uma região que não é exatamente conhecida por ser progressista", diz o diretor da escola, Henk van Dieten, que foi um conselheiro educacional da Carmel College Foudation e ajudou a desenvolver o conceito educacional da nova escola.

Na /21, os professores são chamados de tutores. E há uma razão para tanto, pois eles não ensinam, mas, isto sim, ajudam, estimulam e observam. A cada ano uma equipe de tutores e assistentes educacionais é formada, e permanecem com o grupo de alunos à medida que estes avançam da 1ª até a 3ª série. Assim, cada criança tem os mesmos mentores durante três anos. Os tutores realmente tiveram de acostumar-se a trabalhar em equipes, afirma van Dieten. "Os professores estão acostumados a trabalhar individualmente. Aqui eles trabalham em grupos de 10, assistindo grupos de 50 alunos. Trata-se realmente de uma grande mudança".

Trabalhar em equipes de tutores e assistentes tem a vantagem de que os participantes podem se corrigir mutuamente, diz o assistente educacional Mark Lankveld. "Às vezes, percebemos que estamos indicando soluções realmente simples aos outros – por exemplo, quando dizemos a um colega para que olhe para direções diferentes quando está explicando algo, a fim de certificar-se de que todos na sala podem ouvir o que ele diz". Outra vantagem de trabalhar em equipe é que não se perde tempo quando um dos assistentes adoece. Os pais não precisam temer que as crianças fiquem sem o que fazer no caso de algum membro da equipe adoecer. Todos os alunos permanecem na escola das 9h30min até as 15h30min. A escola /21 tem um programa intensivo de línguas estrangeiras.[1] Durante 12 semanas, os alunos passarão quatro turnos da manhã ou tarde em uma língua estrangeira determinada. Falantes nativos estão na sala. Depois de três meses, as crianças passarão a aprender outra língua estrangeira, concentrando-se novamente nela durante três meses seguidos. Não se ensina holandês na escola, pelo menos não como disciplina independente.

Ivar Gierveld, até bem pouco tempo professor de holandês na escola Marianum, próxima à /21, não se importa nem um pouco com o fato. "É claro que, ao final do período escolar, os alunos poderão analisar e resumir textos – mas não é necessário ter aulas de holandês para desenvolver essas habilidades. Isso é algo que as crianças podem adquirir quando trabalham em um tema específico – gradualmente."

TEMAS EM VEZ DE MATÉRIAS

Na escola /21, os alunos trabalham, em grupos, temas como "poder" ou "energia". Estudando temas, precisam usar o conhecimento de várias áreas. Física, matemática, química e biologia não são ensinadas como matérias separadas, mas como elementos de conceitos mais abrangentes e

---

[1] Nas escolas holandesas, o currículo de línguas estrangeiras em geral compreende alemão, francês e inglês.

amplos. Para explicar um determinado tópico, os professores, é claro, farão uso de manuais aqui e ali, mas a maior parte do material de ensino está em forma eletrônica. Ser dependente da tecnologia tem o contratempo de tornar a escola mais vulnerável, como constatou van Dieten. Durante as duas primeiras semanas, os sistemas caíram repetidamente.

A principal desvantagem de um ambiente eletrônico de ensino é a falta de conteúdo, em especial nos temas mais abrangentes que compreendam disciplinas diferentes. "É o típico problema do ovo ou da galinha", diz van Dieten. Os grandes editores da área de educação não produzem o que precisamos porque não há mercado. O mercado, por sua vez, reluta em adotar esse tipo de método de ensino pelo fato de que não há conteúdo suficiente para oferecer". O grupo KPC está agora finalizando um programa intimamente alinhado com um dos principais princípios da escola: dar condições aos alunos para que influenciem seus próprios processos de aprendizagem.

Um ambiente de aprendizagem eletrônico custa caro. A Carmel College Foundation e o KPC Group estão investindo vários milhões de euros no desenvolvimento da /21. Parte das verbas vem da Dutch Ministry of Education's Curriculum Development Foundation [Fundação para o Desenvolvimento do Currículo do Ministério da Educação da Holanda] e de várias empresas que patrocinam a iniciativa.[2] "No momento, há custos mais altos do que as escolas em geral, mas isso mudará. Esperamos que, em poucos anos, nossos custos estejam de acordo com os das outras escolas", diz van Dieten.

Será a /21 a escola do futuro? Somente o tempo dirá. Muitos elementos do novo modelo gradualmente se desdobrarão na prática. Depois de alguns meses trabalhando, van Dieten diz: "Estamos lançando uma empresa completamente nova, por assim dizer. Temos muitas pequenas falhas, mas as resolveremos". Um dos tutores da escola, Kees Heemskerk, concorda. Até bem pouco tempo, ele ensinava em outra escola da região. "Na /21, o futuro está longe de estar claro", afirma. Tudo é novo e totalmente diferente. Contudo, o próprio fato de que a /21 faz as coisas de maneira diferente é também o que torna a escola atrativa. Heemskerk acha que já está mais do que hora de os três últimos anos do ensino fundamental de educação mudarem. "A maior parte dos alunos está extremamente

---

[2] Os patrocinadores de conteúdo e de finanças estão listados no *site* da escola (http://www.slash21.nl). Quando abrir a página, role-a até o item "Samenwerking bedrijfsleven", que está ao lado direito, e clique em "Meer informatie". Se precisar de maiores informações, envie um *e-mail* para hdieten@marianum.nl.

entediada com a escola. Seu principal foco de atenção é o intervalo entre as aulas. Isso diz tudo, não?"

PENSANDO POR IMAGENS

As TICs (Tecnologia de Informação e Comunicação) adaptam-se muito bem à explicação dos fenômenos, diz o responsável pelo conceito que está por trás da /21, o educador Harry Gankema, do grupo KPC: "Sei dizer a você o que são exatamente as marés altas e baixas, mas quando o programa educativo da televisão mostra uma animação de marés altas e baixas, a informação será mais bem memorizada. Isso acontece porque as pessoas pensam por imagens mais do que por regras ou leis. As escolas tradicionalmente comunicam-se por meio da língua, mas as pessoas pensam por imagens."[3]

Para Gankema, o sistema tradicional de educação é excessivamente dominado pela linguagem. "Os professores tendem a usar a linguagem para descrever os fenômenos, tais como os das marés alta e baixa. Na escola/21, tentaríamos explicar visualmente o que eles são, porque, assim, as crianças os entenderão muito melhor. Isso não é nenhuma novidade. Se você entrar na loja de móveis IKEA (que é do tipo "faça-você-mesmo"), e eles lhe passarem uma caixa acompanhada apenas de um manual para montar um determinado móvel, será difícil entender o que a caixa de fato contém. Acrescentando uma foto do produto montado, as coisas instantaneamente se tornam muito mais fáceis.

Abordar uma variedade de fontes é algo bom na transferência de conhecimento, segundo Gankema. Nas escolas tradicionais, os professores e os livros escolares tendem a ser as únicas fontes de informação. Os alunos recebem informações quando o professor está pronto para fazê-lo, ou quando o livro diz que é hora de outra dose. O fato de os alunos estarem prontos, ou não, não importa. "A maior parte das crianças dá um salto em seu desenvolvimento durante as férias. É nas férias que elas aprendem as coisas com

---

[3] O general alemão Heinz Guderian, especialista em tanques de guerra, entendeu esse fato cerca de 60 anos atrás (e outras pessoas em campos profissionais antes e depois dele também, presume-se). De acordo com alguns *sites* sobre Guderian, ele jogou fora todos os extensos manuais de operação de tanques e os substituiu por manuais que lembravam histórias em quadrinhos. Parte do material era do tipo obsceno, talvez pela "análise de audiência", feita quando da sua elaboração.

clareza, e sem professores", diz Gankema. Os alunos aprendem muito mais quando podem administrar seus próprios processos de aprendizagem.

A esse respeito, o sistema educacional da /21 às vezes lembra a abordagem montessoriana, embora o trabalho em grupo venha da abordagem *Jenaplan*.[4] Gankema: "Reuni todas as informações possíveis de várias tendências da psicologia da educação que são relevantes para as escolas hoje, com base na análise dos elementos que, na prática, parecem estar funcionando bem".

A aprendizagem eficaz também significa que as crianças entendam como os fenômenos se relacionam. A educação padronizada, dividida em disciplinas separadas, não faz isso. Gankema acrescenta: "Se oferecermos conhecimento em partes separadas, as crianças em geral não verão que fenômenos diferentes estão interconectados".

Assim, a /21 não ensina áreas separadas, mas centraliza o currículo em termos e temas centrais. "Escolha um tema, como o da energia, por exemplo", diz Gankema. "Se você quiser entender um conceito como esse, terá de conhecer física, matemática, química e biologia. Ver as coisas assim significa que o conhecimento não está dividido em partes isoladas".[5]

PENSAMENTO FINAL

Não esperamos que você aceite a viabilidade de nossas propostas por meio da leitura de um texto apenas. Também não esperamos que você o faça só porque várias outras escolas, como a Impuls, De Nieuwste School, Vathorst College, School of the Future, Ijburg College e Amadeus College as tenham adotado, oferecendo agora programas similares e inovadores para as séries finais do ensino fundamental. A educação superior também está considerando grandes iniciativas, tais como a do Massachusetts Institute of Technology, que implementou o Open Course Ware Initiative – um serviço gratuito *on-line* em que a maior parte do material de leitura e notas de aula dos cursos (cerca de 1.700) estão disponíveis para qualquer um, em

---

[4] O método Montessori – método educacional cujo nome remete à italiana Maria Montessori – é aplicado na Holanda tipicamente em (algumas) escolas fundamentais; *Jenaplan* – método educacional usado em algumas escolas holandesas.

[5] Essa abordagem "holística" para a educação (uso de temas em vez de matérias distintas) está de acordo com os (então novos) métodos de ensino apresentados na Universidade de Maastricht, na Holanda, há 25 anos, na Faculdade de Medicina.

qualquer lugar. Também há as iniciativas da Open University, que tem sistema similar, oferecendo arquivos de conteúdos educativos gratuitos desde 2006. Os arquivos estarão abertos para os usuários, que poderão também enviar material para a criação de comunidades de aprendizagem, contribuindo para o conhecimento inerente a uma determinada área de estudo.

Mesmo notando que é interessante ver como as corporações multinacionais capacitam seus *trainees*, como os encanadores treinam seus aprendizes e como os cabeleireiros aprendem praticando, não esperaremos que você tome esses exemplos como verdades e os implemente de imediato. Esperamos que você busque exemplos dos sete princípios que sugerimos nos cursos mais eficazes que conhece. Busque traços de nossas cinco escolhas para a educação na sociedade. Veja por conta própria como a aprendizagem de imersão está ocorrendo todo o dia e perceba que, de fato, menos do que a metade do que as crianças aprendem se dá na escola.

Se você aceitar o que escrevemos neste livro como um primeiro passo, verá muitas mudanças no mundo à sua volta, em seus filhos, alunos ou estudantes, e passará a entender por conta própria como se posicionar nas mudanças que propomos. Talvez você até aponte novas abordagens e aspectos do ensino e da aprendizagem que não tenhamos abordado aqui. Se isso acontecer, por favor compartilhe o que descobrir conosco e com outras pessoas que, como você, estejam buscando uma maneira de ir ao encontro da mudança.

www.homozappiens.nl

Escrevemos este livro para oferecer uma visão diferente e positiva sobre as mudanças com as quais a sociedade se depara, para demonstrar o quanto o *Homo zappiens* é desafiador, fazendo parte de uma geração que nos dá oportunidades de ensinar de maneira inovadora. Tentamos inspirar você, como profissional, a pensar sobre dar uma nova forma ao futuro da aprendizagem, levando em consideração princípios e escolhas bem estabelecidas. As tecnologias da informação e da comunicação mudarão de maneira profunda o modo como aprendemos, da mesma forma que a sociedade como um todo, que caminha para uma economia de conhecimento intenso e criativo. Nessa sociedade, o conhecimento será distribuído e descontínuo, em redes técnicas e humanas. Para os aprendizes, a criação do conhecimento será uma questão de agregação mais do que de memorização. Esse fato em si da distribuição e da descontinuidade do conhecimento leva-nos a pensar que os sistemas de educação mudarão e que os professores serão desafiados, como profissionais, a contribuir para a implementação de tais mudanças.

GLOSSÁRIO

Algoritmo de compressão
Algoritmo de compressão é um método de seleção e remoção de partes desnecessárias de um objeto para reduzir o espaço necessário de armazenagem. O algoritmo deve oferecer um meio de restaurar o objeto, levando-o a seu estado normal. Um exemplo do cotidiano seria o de retirar o ar de um saco plástico. Em termos de computadores, é o que faz a compressão de arquivos. Há muitos algoritmos de compressão, todos projetados para objetivos específicos. Por exemplo, o mp3 é um método para a remoção de partes não-usadas e de frequências inaudíveis dos arquivos musicais, a fim de reduzir o espaço de armazenagem em até 90%. RAR ou ZIP são métodos comuns de compressão de arquivos.

Blog
Abreviação de "*weblog*", um formato de publicação periódica *on-line*, muito parecida com um diário, em que a pessoa que o mantém é responsável pela publicação de novos artigos, imagens ou referências a outras informações. Tem a vantagem principal de oferecer às pessoas que leem os artigos publicados a opção de comentá-los publicamente.

***Chat room* (sala de bate-papo)**
Espaço para conversas *on-line*, que frequentemente exige o uso de um *software* chamado IRC (Internet Relay Chat). Foi projetada especialmente como um fórum em tempo real, de maneira que qualquer participante pode imediatamente ver o que os outros estão postando.

Cheat site
Site que oferece, aos jogadores, códigos ou um *software* para ludibriar ou pular etapas em vários de jogos de computador. Tanto os códigos quanto o *software* podem ser usados para alterar aspectos do jogo. Às vezes o proje-

tista do jogo libera alguns códigos, que podem ser ou conquistados pelo jogador ou abertos publicamente. Em outras situações, pode haver um *software* que altera o andamento do jogo. As chamadas "*cheats*" são em geral usadas para passar a um ponto do jogo por um caminho diferente do previsto pelo projetista. Exemplos conhecidos de códigos são aqueles que dão vida ilimitada ou munição ilimitada para os jogadores durante o jogo ou códigos usados para eliminar apenas um oponente ou, ainda, para abrir uma porta para um próximo nível do jogo.

Console
Descreve uma plataforma de computador que foi projetada para jogar. É em geral conectado à televisão. Exemplos conhecidos são os das marcas Nintendo Gamecube, Sony Playstation e Microsoft Xbox.

Creative Commons
Trata-se de uma alternativa para os direitos de propriedade do tipo "todos os direitos reservados". Os autores/proprietários podem decidir, por exemplo, pelo uso gratuito, cópia ou modificação do que criaram, desde que o seu *copyright* seja mencionado. Ver http://creativecommons.org, para maiores informações.

CTRL+F (Control + F)
Diz respeito a pressionar as teclas "Ctrl" e "f" ao mesmo tempo no teclado, para buscar uma determinada palavra no texto. Exemplos similares são CTRL + C, para copiar, e CTRL + V, para colar, combinações utilizadas com frequência quando queremos transportar ou duplicar dados.

***e-learning* (aprendizagem eletrônica)**
É um termo utilizado tanto para a aprendizagem de base eletrônica quanto para vários formatos de transmissão de conteúdo de aprendizagem. Por causa de uma grande moda, que muitas vezes leva a expectativas muito altas, a *e-learning* também adquiriu conotações muito negativas. Como acontece com qualquer formato ou transmissão de conteúdo, o processo que envolve a *e-learning* é muito importante.

Fórum
Local para discussões na internet. O fórum é um meio de comunicação assincrônica, isto é, as pessoas não precisam estar *on-line* ao mesmo tempo para se comunicar. O fórum pode ser criado para falar sobre qualquer assunto e pode armazenar todas as informações que foram enviadas, organizadas em categorias e "*threads*" (observações organizadas em cadeia a partir de um determinado comentário). Isso torna o forum uma ferramenta ideal com que se pode oferecer aos usuários listas de perguntas frequentemente feitas (FAQ) e suas respostas.

Hiperlink
É uma referência. Pode ter a forma de uma palavra sublinhada em um texto ou uma imagem, na qual você clica com o *mouse*. Os *hiperlinks* remetem a outra parte do mesmo texto ou recurso ou podem apontar para recursos diferentes. Os *hiperlinks* são caminhos que unem milhões de recursos separados na internet.

Homo zappiens
Nome escolhido por Wim Veen e Ben Vrakking para a geração de crianças nascidas depois de 1990, que não conheceram o mundo sem a internet e a tecnologia. Vendo a tecnologia e a internet como uma extensão natural de seu ambiente, as crianças não se tornam obsessivas em relação ao domínio, medo ou controle da tecnologia: elas têm a expectativa de que a internet esteja sempre disponível e fazem uso daquilo que funciona melhor. Tendo crescido em uma época de mudança e de abundância de informações, desenvolveram estratégias para se comunicar, co-operar e lidar com a informação, algo que pode ser crucial para a sociedade nas próximas décadas. Pelo fato de estarem acostumadas à colaboração, à investigação e à experimentação, o sistema escolar tradicional parece-lhes algo extremamente pobre. O *Homo zappiens* considera a escola como algo que está "fora do mundo real".

Informação descontínua
Refere-se à informação que chega de maneira descontínua, em vez de chegar uniformemente. Em geral, alguma parte do arquivo estará ausente. Diferentemente das histórias contadas em livros, filmes e peças teatrais, quem recebe informações descontínuas terá de usar seus próprios modelos para montá-las e, então, extrair a informação. Quase todo mundo sabe como processar informações descontínuas em alguma medida, sendo necessário maior grau de habilidade quando a quantidade e a diversidade das informações aumentam.

iPod
Marca de um dos mais conhecidos aparelhos portáteis para reprodução de mídia digital. Vendido pela Apple, é usado principalmente para tocar mp3. Outros usos são a execução de arquivos de vídeo e *podcasting*, distribuição de outros conteúdos multimídia a outros usuários do *iPod*.

Jogo *on-line*
Forma de jogo de computador em que o jogador tem de conectar o seu computador à internet. Há jogos *on-line* que são realizados tendo-se a inteligência artificial como adversário, o que exige somente um ponto de conexão na internet, mas há também muitos jogos *on-line* em que o usuá-

rio conecta-se a uma comunidade de jogadores, jogando sozinho contra os demais ou em equipes. Alguns jogos para muitos jogadores exigem que você primeiro compre e instale o jogo em seu computador, para depois conectar-se.

Jogos de aventura
Uma forma limitada de RPG (*role-playing game*), na qual o jogador tem de resolver um problema ou expedição.

LimeWire (ver P2P)

MMO(RP)G – (*Massively Multiplayer Online (Role-Playing) Game*) (Jogos [*role-playing games*] *on-line* para múltiplos participantes)
Ambiente para jogos *on-line* no qual muitos jogadores assumem papéis virtuais e, por meio desses papéis, interagem com o mundo do jogo e com os outros. Alguns exemplos dessa espécie de jogo são *World of Warcraft, EverQuest e Ultima Online.*

MSN (*Microsoft Network*)
Diz respeito a todos os serviços de internet oferecidos pela Microsoft, mas seu uso dominante é o do MSN Messenger, um programa para conversa em tempo real com uma ou mais pessoas, usando-se texto, voz e vídeo.

Multitasking (Multitarefas)
Nome não-adequado para um processo que é de fato mais bem-descrito como uma realização de tarefas em fila ou em séries rápidas. Um usuário pode armazenar várias tarefas na memória ativa enquanto monitora os possíveis *inputs* relevantes que deve processar, decidindo ou não dedicar sua atenção a processar as informações ou completar as tarefas.

P2P – (*Peer to peer networking*)
As redes P2P fazem uso de um meio de distribuição de gerenciamento de tráfego e de computação. Isso está em contraste com o uso comum de recursos de informação que são armazenados em servidores centralizados. Nas redes P2P não há uma hierarquia central e todo ponto de interconexão na rede está recebendo e fornecendo informações. O uso mais comum do P2P hoje é o compartilhamento de áudio, vídeo e arquivos de dados. Alguns programas que fazem uso do P2P para compartilhamento são LimeWire, eMule, KaZaa e Tribler.

Podcast
É o nome do aparelho e também do conteúdo dos *streams* (fluxos de informação) de multimídia. O termo deriva do uso do *iPod* e do tipo de envio de arquivos (*broadcasting*). Muito semelhante ao rádio, é preciso sintonizar

ou inscrever-se em um *stream*. Os formatos usados para enviar *podcasts* são o Atom ou o RSS.

Real Time Strategy (RTS) (jogos)
Jogo estratégico (de guerra), inspirado em jogos de tabuleiro como Risk ou, mais recentemente, Settlers of Catan. Em uma visão de cima para baixo, os jogadores em geral representam os generais e os tomadores de decisão. Os jogadores serão motivados a buscar recursos ou tropas para atingir metas de conquista.

Redes: humanas e técnicas
As redes são uma teia de pontos de interconexão e conexões. Nas redes técnicas, esses pontos são os próprios computadores, e as conexões feitas entre eles são os fios e os cabos que transmitem sinais elétricos, em geral por meio de roteadores. As redes humanas consistem de pessoas e das relações que elas mantêm. Essas relações precisam de confiança. Algumas conexões podem ser mais usadas que as outras e se vê com frequência que a teia de uma rede é um organismo vivo com pontos de interconexão sendo acrescentados ou subtraídos, formando e (re)formando a rede.

RPG – (*Role-Playing Game*)
O termo pode ser usado para qualquer tipo de jogo em que os jogadores simulam papéis ou aspectos de si mesmos. Um RPG geralmente implica um "mundo próprio do jogo" com regras e características estabelecidas (como a física no nosso mundo "real"), em que os jogadores são então livres para improvisar dentro dos limites de seu papel. Durante o jogo, os jogadores em geral colaboram, adicionando alguma história ao mundo do jogo ou então seguem um roteiro até o final. O RPG é um gênero bastante comum tanto em jogos de tabuleiro quanto em jogos de computador. Exemplos comuns desses jogos são Dungeons & Dragons e também os jogos tradicionais de caubóis e índios para crianças.

RSS
Abreviação para "*Rich Site Summary*" ou "*Really Simple Syndication*", o RSS é um resumo de informações importantes. Por exemplo, pode-se receber mensagens RSS de um *site* de notícias como o CNN.com, que repassa as últimas notícias. As mensagens podem conter tanto informações multimídia quanto *links* para tais recursos e em geral exigem um *software* para interpretação e visualização.

Shoot'em up (jogos)
Versão de jogos de guerra em que os jogadores geralmente usam uma série de armas para causar o máximo de baixas ou mortes ao adversário. Os

jogos podem ser do tipo jogador *versus* inteligência artificial, jogos de equipe, ou jogador contra jogador, incluindo metas como "conquistar a bandeira". Jogos semelhantes, mas não de computador, são o *paintball* e o *laser gaming*.

Skype (ver também VoIP)
Software para conectar um computador a outro computador ou telefone, dando suporte à voz, vídeo e texto.

Smileys
Meio de usar a pontuação para demonstrar estados emocionais e, assim, aumentar, a potencialidade da informação do texto; também conhecidos como emoticons.
Exemplos são : -) para um sorriso, : -P ou : P para uma cara bem-humorada de deboche (como se a língua estivesse para fora da boca) ou : ((para uma face triste). Os dois pontos em geral representam os olhos. Em geral, temos de virar a cabeça para a esquerda para interpretar esses símbolos. Em *softwares* modernos, as combinações que formam os *smileys* são automaticamente substituídas por ícones.

***Software* Social**
Qualquer *software* que facilite a comunicação e colaboração *on-line*, formando comunidades e dando controle aos usuários finais para que manuseiem conteúdo e funcionalidades. O *software* social focaliza a construção da comunidade por meio da identidade e da presença virtual. O *software* social é uma família de aplicativos que está de acordo com a filosofia da Web 2.0. exemplos são o Flickr, o Del.icio.us e a Wikipédia.

VoIP *(Voice-over* IP)
Os sistemas tradicionais de telefonia funcionam pelo estabelecimento de fluxos contínuos entre um ponto A e um ponto B para cada conversa. Já que a extensão da banda como um todo fica reservada durante toda a conversação, parar de falar é relativamente caro. A alternativa que se encontrou foi a de oferecer a possibilidade de falar por meio do protocolo padrão da internet (IP), em que a fala é enviada em pacotes individuais que usam apenas a banda necessária para a transmissão. O VoIP é também usado como termo para designar um *software* que permite ao usuário do computador falar diretamente com os outros por meio da conexão com a internet. O *Skype* é uma aplicação bastante conhecia do VoIP, que também permite a tradução entre IP e telefone, mas muitos outros aplicativos, inclusive o MSN, contêm funções similares de áudio.

Wiki
Wiki é uma ferramenta colaborativa para escrever na internet. Permite que qualquer usuário adicione ou edite rapidamente conteúdos. A www.wikipedia.org é uma grande enciclopédia *on-line*, atualizada constantemente por qualquer pessoa que sinta a necessidade de fazê-lo.

WinRAR
Programa que utiliza a compressão de algoritmos sobre os arquivos, para reduzir seu tamanho em *bytes*, sem perda de informação (ver também *Algoritmo de compressão*).

Zapear
Processo de troca de um fluxo de informação para outro, como se faz, por exemplo, com o controle remoto de uma televisão quando se troca de canal. Em geral, zapear é um método para aumentar a densidade de informações interessantes no menor tempo possível; é uma forma eficiente de gerenciamento do tempo.

REFERÊNCIAS

Aarseth, E, (2001), 'Computer Game Studies, Year One', Games *Studies 1/1* (July), www.gamestudies.org/0101/editorial.html, 16-06-2004.

Barham, N. (2004), *Disconnected: Why Your Kids Are Turning Their Backs on Everything We Thought We Knew,* Ebury Press, London.

Barone, C (2005), 'The New Academy', *Educating the Net*-generation, – www. educause.edu/TheNewAcademy/6068, 13-07-05

Brown, M. (2005) 'Learning Spaces', *Educating the Net-generation,* www.educouse.edu/ LearaingSpaces/6072, 13-07-05

Castells, M. (2OO3), *The Internet Galaxy: Reflections on the Internet, Business, and Society, Oxford* University Press, Oxford

Dallow, P. (2001), 'The Space of Information: Digital Media as Simulation of the Analogical Mind'. In Munt, S. (ed), *Technospaces; Inside the New Media,* Continuum, London, New York, pp. 57-70.

Daniel, f. (1996), *Mega-Universities and Knowledge Media: Technology Strategies for Higher Education,* Kogan Page, London

Davies, C, Hayward, G. & Lukman, L. (2005), '14-19 and Digital Technologies: A review of research and projects', *NESTA Futurelab,* Bristol, www.nestafuturelab.org/research/ reviews/reviews_13/13_01. htm, 01-06-05

Dede, C (2005), 'Planning for Neomillennial Learning Styles: Implications for Investments in Technology and Faculty', *Educating the Net-generation,* www.educause. edu/ ir/Iibrary/pdf/eqm0511.pdf, 07-11-05

Eskelinen, M. (2001), The Gaming Situation', *Games Studies 1/1* (July), www.gamestudies. org/0101/eskelinen/, 01-07-04

Fagerjord, A. (2003), 'Rhetorical Convergence: Studying Web Media'. In Morrison, G., Liestøl, A. & Rasmussen, T. (eds), *Digital Media Revisited; Theoretical and Conceptual Innovation in Digital Domains,* MIT Press, Cambridge, Mass. London

Fogg, B.J. (2003), *Persuasive Technology: Using Computers to Change What We Think and Do,* Morgan Kaufmann, San Francisco, Calif.

Gee, f.P. (2003), *What Video Games Have to Teach Us About Learning and Literacy,* Palgrave Macmillan, New York

Gonzalez, C. (2004), 'The Role of Blended Learning in the World of Technology', www.unt.edu/benchmarks/archives/2004/september04/eis.htm, 11-09-05

Goodson, I, Knobel, M., Lankshear, C. & Mangan, M. (2002), *Cyber Spaces/Social Spaces: Culture Clash in Computerized Classrooms,* Palgrave Macmillan, New York

Hortman, I, Moskal, P. & Dziuban, C. (2005), 'Preparing the Academy of Today for the Learner of Tomorrow', *Educating the Net-generation,* www.educause.edu/Preparingthe AcademyofTodayfortheLearnerofTomorrow/6062, 13-07-05

Herz, J.C (2001), 'Gaming the system: what higher education can learn from multiplayer online worlds', www.educause.edu/ir/library/pdf/ffpiu019.pdf, 05-08-03

Hird, A. (2000), *Learning from Cyber-Savvy Students: How Internet-Age Kids Impact Classroom Teaching,* Stylus, Sterling, Va

Huitt, W. (2001), 'Motivation to learn: An overview', *Educational Psychology Interactive,* Valdosta State University, Valdosta, Ga

http://chiron.valdosta.edu/whuitt/col/motivation/motivate. html, 20-02-06

Huysmans, F., Haan de, J. & Broek van den, A. (2004), 'Achter de schermen: Een kwart eeuw lezen, luisteren, kijken en internetten', www.scp.nl/publicaties/boeken/9037701299/AchterDeSchermen.pdf, 25-11-04

Jacobs, F. (2002), 'Interactie met ICT in het leerproces: noodzaak tot dialoog onomstotelijk aanwezig', *Informatie,* November 2002, www.edu*site*.nl/edu*site*/publicaties/11514

Kirriemuir, J. & McFarlane, A. (2004), 'Literature Review in Games and Learning', *Report 8, NESTA Futurelab,* Bristol, www.nestafuturelab.org/research/reviews/08_01.htm, 08-06-05

Kolb, D.A. (1984), *Experiential Learning,* Prentice Hall, Englewood Cliffs, NJ

Kurzweil, R. (1999), *The Age of Spiritual Machines: When Computers Exceed Human Intelligence,* Viking Penguin, New York

Kvavik, R. (2005), 'Convenience, Communications, and: Control: How Students Use Technology', *Educating the Net-generation,* www.educause.edu/Convenience CommunicationsandControl%3AHowStudentsUseTechnology/6070, 13-07-05

Lanestedt (2003), 'The Challenge of Digital Learning Environments in Higher Education: The Need for a Merging of Perspectives on Standardization'. In Morrison, G., Liestøl, A. & Rasmussen, T. (eds), *Digital Media Revisited; Theoretical and Conceptual Innovation in Digital Domains,* MIT Press, Cambridge, Mass. London

Lankshear, C. & Knobel, M. (2003),.*New Literacies: Changing knowledge-in the classroom,* Open University Press, Buckingham

Lindström, M. & Seybold, P; (2003), *Brandchild: remarkable* insights into the minds of today's global kids and their *relationships with brands,* Kogari Page, London

Lippincott, J. (2005), 'Net-generation Students and Libraries', *Educating the Net-generation,* www.educause.edu/NetGenerationStudentsandLibraries/, 6067, 13-07-05

Maslow, A.H. (1987), *Motivation and Personality,* 3rd edn, Addison-Wesley, New York

Mayer, I. & Veeneman, W. (eds), (2002), *Games in a World of Infrastructures: Simulation-games for Research,- Learning and Intervention,* Eburon, Delft

McMahan, A. (2003), 'Immersion, Engagement, and Presence: a Method for Analysing 3-D Video Games'. In Wolf, M.I.P. & Perron, B. (eds), 2003, *The Video Game Theory Reader,* Routledge, New York

Milton, J. (2004), 'Literature Review in Languages, Technologies and Learning', *NESTA Futurelab,* Bristol, www.nestafuturelab.org/research/reviews/lang01.htm, 07-07-05

Moore, A., Moore, J, & Fowler, S. (2005), 'Faculty Development for the Net-generation', Educating the Net-generation, www.educause.edu/FacultyDevelopmentfortheNet Generation/6071, 13-07-05

Naismith, L, Lonsdale, P., Vavoula, G. & Sharpies, M. (2005), 'Literature Review in Mobile Technologies and Learning', Report 11, NESTA Futurelab, Bristol, www.nestafuturelab.org/research/reviews/reviews_l l_and12/11_01.htm, 07-05-05

NEA (2006),'The Future of Higher Education', www.nea.org/he/future/index.html, 30-05-2006

Negroponte, N. (1995), *Being Digital,* Vintage, Vancouver,

Oblinger, D. (2004), 'The Next Generation, of Educational Engagement', *Journal of Interactive Media in Education,* 2004-(8). Special Issue on the Educational Semantic Web, www.jime.open.ac.uk/2004/8,08-09-05

Oblinger, D., Martin R. & Baer, L. (2004), 'Unlocking the potential of gaming technology', National Learning: Infrastructure Initiative Annual Meeting, 26 January, 2004, San Diego, Calif.

Oblinger, D. & Oblinger, J. (eds), (2005), *Educating the Netgeneration,* Educause, USA www.educause.edu/educatingthenetgen, 13-07-05

OECD (2004), Schooling for tomorrow: The role of ICT in the OECD/Ceri Schooling Scenarios, www.oecd.org/dataoecd/41/62/32503182.pdf

O'Reily, T. (2005), 'What Is Web 2.0, Design Patterns and Business Models for the Next Generation of *Software*' www.oreillynet.com/pub/a/oreilly/tim/news/2005/09/30/what-is-web-20.html

Papert, S. (1998), 'Does Easy Do It? Children, Games, and Learning'. In Game *Developer Magazine,* p.88, www.papert.org/articles/Doeseasydoit.html

Prensky, M. (2001), *Digital Game-Based Learning,* McGraw- Hill, New York

Prensky, M. (2002), 'What Kids Learn That's POSITIVE From Playing Video Games', www.marcprensky.com/writing/Prensky%20%20What%20 Kids%20Learn%20Thats%20POSITIVE%20From%20Playing%20Video%20Games.pdf, 20-06-04

Roberts, G. (2005), 'Technology and Learning Expectations of the Net-generation', *Educating the Net-generation,* www.educause.edu/TechnologyandLearningExpectations of theNetGeneration/6056, 13-07-05

Rosser, J. (2004), 'Video Gamers Make Good Surgeons', www.cbsnews.com/stories/2004/04/07/health/main610601.shtml

Seely Brown, J. (2001), The Social Life of Information: Learning in the Digital Age', *Educause* www.educause.edu/asp/doclib/abstract.asp?ID=EDU0145, 21-10-01

Siemens, G. (2004), 'Connectivism: A Learning Theory for the Digital Age', www.elearnspace.org/Articles/connectivism.htm, 01-06-06

Sousa, D. (2001), *How the Brain Learns: A Classroom Teacher's Guide,* Corwin Press Inc., Thousands Oaks, Calif.

Squire, K.D. & Steinkuhler, C.A. (2005), 'Meet the Gamers: Games as *Sites* for New Information Literacies', *Library journal,* www.libraryjournal.com/article/CA516033.html, 01-07-2005

Staalduinen, J.P. van (2004), 'Toekomstverkenning Onderwijs Ondersteunende Infrastructuur', *IV Delft internal publication,* Delft

Star, J. (2004), 'The Edinburgh scenarios: Global scenarios for the future of e-Learning', presentation at eLearn International 2004, www.elearninternational.co.uk/2004/test/2004/presentations/sidlaw/thurs/jonothan_star_thurs.zip, 10-05-2006

Tapscott, D. (1998), Growing up *Digital: The Rise of the Net-Generation,* McGraw-Hill, New York

Turkle, S. (1997), *Life on the Screen: Identity in the Age of the Internet,* Simon & Schuster Inc., New York

Veen, W. (2000), 'Flexibel onderwijs voor nieuwe generaties studerenden', *Intreerede* 15-12-2000, http://elearning.surf.nl/docs/e-learning/oratiewimveen2.pdf, 01-08-2003

Veen, W. & Jacobs. F. (2005), *Leren van Jongeren: Een literatuuronderzoek naar nieuwe geletterdheid,* SURF, Utrecht, The Netherlands

Veen, W. & Vrakking, B. (2006), 'Hoe de TU Delft over 5 jaar onderwijs moet aanbieden: Beleidsvoorbereidend onderzoek naar de behoeften en mening van studenten ten aanzien van de inzet van ICT in het onderwijs', TU Delft internal publication, Delft

Zuidweg, M. (2002), 'Nieuw! Anders!', *NRC Handelsblad,* Saturday 5/Sunday 6 October, 2002, Science & Education section, p.39

ÍNDICE